Cheryl Eckl

Kraft aus der Trauer

Kraft aus der Trauer

Ein heilsamer Begleiter

Cheryl Eckl

Aus dem Amerikanischen
von Anja Schmidtke

|||||||||||||||||||||||||||||||||| SILBERSCHNUR ❦ VERLAG

HINWEIS Die Informationen und Erkenntnisse in diesem Buch geben ausschließlich die Meinung der Autorin wieder und dürfen nicht als Therapie, Beratung, Anleitung, Diagnose und/oder Behandlung betrachtet werden. Diese Informationen sind kein Ersatz für ärztliche, psychologische oder andere professionelle Beratung oder Betreuung. Alle Angelegenheiten, die Ihre persönliche Gesundheit betreffen, sollten von einem Arzt oder einer in einem Heilberuf tätigen und qualifizierten Person betreut werden. Weder die Autorin noch der Verleger übernehmen die Verantwortung oder Haftung für Käufer oder Leser.

Originally published in the USA under the title »A Beautiful Grief. Reflections On Letting Go«, Copyright © 2012 by Cheryl Eckl
All Rights Reserved. Published by arrangement with the Owner, Flying Crane Press
Copyright © 2015 der deutschen Ausgabe: Verlag »Die Silberschnur« GmbH

ISBN: 978-3-89845-465-0

1. Auflage 2015

Gestaltung & Satz: XPresentation, Güllesheim
Foto der Autorin: Larry Stanley
Übersetzung: Anja Schmidtke
Umschlaggestaltung: XPresentation, Güllesheim; unter Verwendung eines Motivs von © LilKar, www.shutterstock.com
Druck: Finidr, s.r.o. Cesky Tesin

Verlag »Die Silberschnur« GmbH · Steinstr. 1 · 56593 Güllesheim
www.silberschnur.de · E-Mail: info@silberschnur.de

Inhalt

Hinweis für den Leser:
Die Musik des Geschehenden 9

Auftakt: Integration ist alles 13

1. Kapitel: Übergangsritus 19

2. Kapitel: Ein ständiger Tanz 23

3. Kapitel: Freilassen als Lebensweise 27

4. Kapitel: Fragen und Antworten über das Loslassen 33

5. Kapitel: Wie wichtig Zufallsbekanntschaften sind 37

6. Kapitel: Seelenraum finden 41

7. Kapitel: Auf den eigenen Rhythmus achten 45

8. Kapitel: Fließen wie Wasser 51

9. Kapitel: Sich eine Auszeit nehmen, um neue
   Verbindungen zu schaffen 55

10. Kapitel: Die Heilkraft der Trauer 61

11. Kapitel: Warum unsere Sterblichkeit uns erstaunt 67

12. Kapitel: Wie unsere Sterblichkeit uns inspirieren kann 71

13. Kapitel: Zur Feier des Körpers   77

14. Kapitel: Der Körper im Trauma   81

15. Kapitel: Mit einem plötzlichen Verlust umgehen   87

16. Kapitel: Warum der Glaube allein nicht reicht   91

17. Kapitel: Die Heilkraft des Geschichtenerzählens   97

18. Kapitel: Geschichten der Liebe und der Seele   103

19. Kapitel: Die Trauergemeinschaft anerkennen   107

20. Kapitel: Verluste und Zeitreisen   115

21. Kapitel: Mutter Natur erinnert mich ans Leben   121

22. Kapitel: Das Geschenk der Trauer   125

23. Kapitel: Der Trost, der schon da ist   129

24. Kapitel: Die Kunst des Loslassens   135

Coda: Singen, während es noch dunkel ist   141

Danksagung   147

Die Autorin   151

An alle Trauernden,
denn sie werden Trost finden.

Auch wenn mir nichts kann wiederbringen jene Zeit,
wo auf den Gräsern und den Blumen lag der Glanz
  der Herrlichkeit,
so wollen wir vergessen jetzt die Kümmernis
und finden eher Kraft in dem, was bleibt und ist:
Im Mitgefühl, dem Grundvertrauen,
erfahren mal, auf die Erfahrung ist zu bauen –
in tröstenden Gedanken, die uns quellen,
sobald wir Leid und Not uns müssen stellen –
im Glauben, dessen Blick die Wand des Todes kann
  durchdringen –
und in den Jahren, die uns Weisheit bringen.

William Wordsworth (1807). Teil aus: Ode – Hinweise auf die
Unsterblichkeit aus Erinnerungen an die frühe Kindheit

Die Musik des Geschehenden

Im Herbst 2008 starb mein Ehemann Stephen an Darmkrebs. Im Sommer 2009 unternahm ich eine Pilgerreise nach Irland und suchte an den »lichten Orten« der Grünen Insel, wo der Schleier zwischen den Welten sich zu lüften scheint, nach der verlorenen Verbindung meiner Seele zu meinem geliebten Mann.

Es war eine schwierige, aber letztendlich lohnende Reise – besonders deshalb, weil ich in dem malerischen Dorf Kildare das Glück hatte, Schwester Mary Minehan aus dem Brigittenorden zu begegnen.

Sie begrüßt Pilger jeden (oder keinen) Glaubens aus der ganzen Welt und vermittelt ihnen tiefe Weisheit, die lehrt und heilt – und mein Leben für immer veränderte.

Schwester Mary war eine langjährige Freundin des im Januar 2008 verstorbenen keltischen Dichters und Philosophen John O'Donohue gewesen. Als meine Mitreisenden und ich uns in dem spärlich eingerichteten Wohnraum versammelten, der als Begrüßungszentrum dient, schwelgte sie in Erinnerungen an die Freundschaft mit diesem großartigen Menschen, von dem sie sagte, er sei in einzigartiger Weise auf »die Musik des Geschehenden« eingestimmt gewesen.

Wie bezaubernd, so vom Leben im »Jetzt« zu sprechen, dachte ich damals. Und von jenem Tag an beschloss ich, mein inneres Ohr auf diese kosmische Symphonie einzustimmen, die vielleicht zum Soundtrack meines Lebens werden würde, wenn ich nur gut genug zuhörte.

Ein dramatischer Verlust komponiert eine komplexe Melodie – ein Thema mit Variationen über Freud und Leid, Anwesenheit und Abwesenheit, Tränen und Transformation. Die Stücke in diesem Büchlein sind kleine Passagen aus dieser Musik, aufgenommen in Worten, während ich mir meinen Weg durch etwas bahnte, was zu einem Jahr des Loslassens wurde, in dem ich über die Geheimnisse des Trauerns nachdachte – eine gewundene Melodie, die mit einer trällernden Note künftiger Möglichkeiten endet.

Ich finde diesen Schluss überaus ermutigend. Und ich hoffe, dass auch Sie Trost und Frieden auf diesen Seiten finden werden. Meine Gedankengänge entfalten sich vom 1. bis zum 24. Kapitel in der Reihenfolge, wie ich sie aufschrieb; sie beginnen im zweiten vollen Jahr nach Stephens Tod. Sie können aber in jeder beliebigen Reihenfolge gelesen werden.

Mögen sie Sie dazu inspirieren, Ihrer eigenen inneren Heilungsmusik des Geschehenden zu lauschen.

Integration ist alles

Mehr als einmal seit dem Tod meines Mannes habe ich mich sagen hören: *Ich weiß, ich sollte das alles loslassen, aber ich kann es einfach noch nicht.*

Ich bin fest davon überzeugt, dass es bei der Trauer keine »Solltes« gibt – besonders im Hinblick darauf, wann und wie ich Gegenstände, Gefühle und Vorstellungen loslasse. Deshalb beschloss ich schon früh, mir keine Vorhaltungen zu machen, wenn ich noch nicht bereit sein würde, etwas loszulassen. Ich bin froh, dass ich meinen Weg so antrat. Das hat mir das Leben auf jeden Fall erleichtert.

Es war wirklich seltsam. Einiges ließ ich sofort los. Ich ersetzte die Schlafzimmermöbel, die ich schon immer hatte loswerden wollen, seit meine Eltern sie uns 1994 geschenkt hatten.

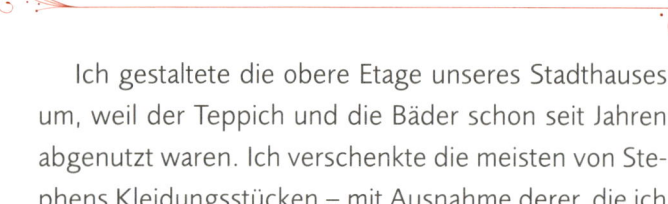
Ich gestaltete die obere Etage unseres Stadthauses um, weil der Teppich und die Bäder schon seit Jahren abgenutzt waren. Ich verschenkte die meisten von Stephens Kleidungsstücken – mit Ausnahme derer, die ich noch monatelang nach seinem Tod trug, und einiger Lieblingsstücke, die ich mir ab und zu immer noch gerne ansehe.

Um den damals ziemlich chaotischen und ziellosen Prozess zu verallgemeinern: Ich klammerte mich an alles, was mir half, das Gefühl von Stephens körperlicher Form nahe bei mir zu behalten, während ich mich gleichzeitig von Dingen trennte, die mich daran hinderten, einen Fuß vor den anderen zu setzen.

Ich musste im Haus Dinge verändern, damit es sich mehr wie mein Zuhause anfühlte, nicht wie der verlassene Ort, wo Stephen einst gelebt hatte. Ich musste mich von den meisten seiner Kleidungsstücke trennen, um mich selbst davon zu überzeugen, dass er nicht mehr zurückkommen würde, und auch, um etwas so Simples wie mehr Platz im Schrank für mich zu schaffen.

Es war sehr schwer, nicht sterben zu wollen, als Stephen starb. Jetzt sehe ich, dass ich mir in ganz kleinen Schritten immer wieder selbst bestätigte, weiterleben zu wollen. Und ich erschloss mir dieses neue Leben, indem ich die

vielen Lektionen integrierte, die ich in meinem Leben mit ihm gelernt hatte und noch immer lerne.

Da ich glaube, dass es im Leben um Lernen und Weiterentwicklung geht, habe ich schon immer einen Sinn in meinen Erfahrungen gesucht. Stephen und ich sprachen viel darüber, vor allem in seinen letzten Monaten. Wenn ich auf die letzten drei Jahre zurückblicke, kann ich aus tiefster Überzeugung sagen, dass mein Prozess des Loslassens darauf gründete, dass ich es schaffte, Vergangenheit und Gegenwart zu integrieren und mich auf eine noch nicht näher bestimmte Zukunft zu freuen.

Ich brauchte fast ein Jahr, um die Vorstellung zu akzeptieren, dass Stephens Wesen oder Geist vielleicht immer noch in meinem Leben wirkten. Bis ich mit ihm auf meiner Pilgerreise in Irland wieder in Verbindung trat, war meine Beziehung mit der anderen Seite ein einziges Hin und Her gewesen – manchmal fühlte ich ihn bei mir, dann wieder nur die überwältigende Leere seiner Abwesenheit.

Sobald ich fühlte, dass wir uns in einer neuen Beziehung eingerichtet hatten, er auf der einen Seite des Schleiers zwischen den Welten, ich auf der anderen, konnte ich ernsthaft anfangen, mehr die praktischen und spirituellen Lektionen zu integrieren, die er zu Lebzeiten versucht hatte, mir zu vermitteln.

Auf dem spirituellen Weg war Stephen mir voraus gewesen, und es gab Konzepte, die ich einfach nicht begriff, bis ich die Tiefen meiner Trauer ergründete und sie durch das Aufschreiben unserer Geschichte durcharbeitete, damit auch andere Menschen unsere Erfahrung verstehen konnten.

Als ich anderen unsere Geschichte erzählte, begann ich sie mir selbst zu erklären, so dass ich jetzt, drei Jahre nach dem Verlust meines Lieblings, das Gefühl habe, zugleich mehr von mir selbst und von ihm geworden zu sein. Und während diese Integration stattfand, stellte ich fest, dass viele geringere oder materielle Dinge einfach wegfielen, weil ich nicht mehr die greifbare Erscheinungsform brauche, da das eigentliche Wesen so sehr ein Teil von mir geworden ist.

So war ich überrascht, als ich das starke Gefühl bekam, es sei an der Zeit, meinen Ehering abzunehmen – was ich mir kaum je hätte vorstellen können.

Ich fühlte, dass unser Bund fortbestand, aber nun auf einer anderen Ebene. Wenn ich andere Menschen ermutigen wollte, sich weiterzuentwickeln, musste ich es genauso tun. Ich musste akzeptieren, nicht mehr verheiratet zu sein. Mein Mann ist tot.

Bisher habe ich über das Loslassen gelernt: Wenn ich mich persönlich weiterentwickeln und wieder heil werden will, kann ich meiner inneren Weisheit vertrauen, wenn sie mich auffordert, etwas freizulassen – ein Gefühl, einen Gegenstand, eine Vorstellung. Wenn ich an etwas festhalte, weil ich es wertschätze, und nicht, weil ich mich daran klammere, fühle ich mich auch nicht unwohl damit, es zu behalten.

Aber wenn ich mich aus Angst an etwas festklammere, muss ich mir ansehen, was ich zu verlieren fürchte, und versuchen, das Wesen dieser Sache in mir selbst zu finden. Wenn ich es dann als Teil meiner selbst erkannt habe, brauche ich die äußere Verkörperung nicht mehr. Sie fällt einfach weg.

Ich werde langsam besser darin, mir Pausen zu gönnen und Mitgefühl mit mir selbst zu haben. Nur Gott kennt den Zeitplan für meine Trauer und mein Loslassen. Wenn ich mich darauf konzentriere, den Sinn und die harten Lektionen zu verinnerlichen, die das Leben mir durch Stephens Verlust gebracht hat, dann wird das Loslassen ganz von allein weitergehen.

Es ist das Beste, was ich tun kann. Es ist *alles*, was ich tun kann. Und ich lasse zu, dass es genug ist.

1. Kapitel

Übergangsritus

Ich bin zurück aus Aspen, wo ich Stephens Asche auf einem seiner Lieblingsberge zurückgelassen habe.

Was für eine magische Erfahrung das war. In der Nacht zuvor hatte es im Hochland geschneit, so dass morgens selbst zerklüftete Gipfel schneebedeckt waren. Auf unserer Fahrt vom Urlaubsort Vail aus, wo meine Freundin und ich die Nacht verbracht hatten, hatten wir meist leichten Regen gehabt, so dass es neblig war, als wir die enge Schlucht zur Maroon Bells-Snowmass Wilderness Area hochfuhren.

Die Straße ist beidseitig von Espen gesäumt, die golden in der Herbstsonne leuchteten, als sie bei unserer Ankunft durch die Wolken brach.

Als ich allein den Pfad hochging, fand ich unter einem umgestürzten Baum, nur ein bisschen abseits einen Hügel

hinauf, die perfekte Stelle für Stephens letzte Ruhestätte. Es sah dort aus wie ein Waldtempel. Ich grub ein Loch und beerdigte darin seine Asche, legte sie sanft in die Erde und hinterließ darin das kleine Einäscherungsschildchen mit seinem Namen. Dann bedeckte ich alles mit Ästen, Blättern und Gras.

Nächstes Jahr um diese Zeit wird alles verschwunden sein. Schon bald wird es anfangen zu schneien, und in ein paar Monaten wird die Frühjahrsschmelze die Asche davontragen, sie mit dem kristallklaren Wasser der Seen vermischen, die die über 4000 Meter hohen, glockenförmigen Berge im Hintergrund auf ihrer Oberfläche widerspiegeln.

Ich weinte und sprach ein Gebet. Fast sofort fühlte ich, wie eine Last leichter wurde, dann dachte ich: *Wie seltsam, dass ich Stephen hier wieder den Berg hochgetragen habe.*

Die ganze Zeit, als er krank gewesen war, hatte ich immer wieder die Vision gehabt, dass wir uns auf einer Hochlandwanderung befanden und jeder von uns einen riesigen Rucksack trug. Ab und zu hielten wir an, dann gab er mir einen Teil seiner Last. Immer wenn das passierte, kämpfte ich ein paar Tage lang mit dem zusätzlichen Gewicht, das für mich fühlbar war, für jeden anderen aber unsichtbar.

Heute trug ich ihn wieder, ein letztes Mal, den Berg hoch. Und dann legte ich meine Last unter einem Baum ab. Es war ein passender Schluss.

Als meine Freundin und ich zurück in den Ort fuhren, hörte ich Stephen in meinem Kopf immer und immer wieder sagen: *Geh weiter. Bleib nirgendwo stecken.* Als würde er mich aus dem Nest werfen – oder irgendeinem anderen Ort, an dem ich es mir zu bequem gemacht hatte.

Ich bin froh, wieder zu Hause zu sein. Den ganzen Tag lang hatte ich etwas weiche Knie – ich spüre eine definitive innere Veränderung. Es wird interessant, was alles passiert, wenn mein nächster Lebenszyklus beginnt, sich abzuzeichnen.

Weil Trauer nicht rational ist. Sie ist ursprünglich, chaotisch und häufig erdrückend. Auch ist sie nicht linear. Sie entfaltet sich in Zyklen und Wellen, packt mich oft ganz unvorbereitet und verstört mich in den tiefsten Winkeln meines Kopfes und Herzens.

Es kann sich so anfühlen, als ob die Trauer niemals enden wird und ich mich niemals wieder davon erholen werde. Dass andere überlebt haben, nachdem sie vom Verlust zerbrochen wurden, ist ein geringer Trost inmitten

der Selbstzersplitterung, die von der Trauer sowohl verursacht als auch widergespiegelt wird.

Und doch ist es so. Es ist möglich, wieder heil zu werden – zumindest irgendwann die Motivation zum Weitermachen zu finden. Die große Herausforderung ist, jeden Tag ein bisschen mehr herauszufinden, was funktioniert, auf einem Weg, der sich extrem einsam und dunkel anfühlen kann.

Ich staune immer wieder, wie mir zu den merkwürdigsten Zeiten die Tränen kommen. Und dann wieder, so wie heute, steigt ein Gefühl der Ganzheit buchstäblich aus der Asche des Gewesenen empor.

Ich bin dankbar für diese Momente der Klarheit. Ich habe hart daran gearbeitet, so weit zu kommen. Aber immer noch ist da das Unbekannte, die Mysterien des trauernden Herzens, die mir immer wieder neue Einblicke schenken und Trost spenden – wenn ich nur fest am Lauf des Lebens festhalte.

2. Kapitel

Ein ständiger Tanz

Vor ein paar Wochen wäre ich fast von einem Lastwagen von der Straße gefegt worden, der bei Rot über die Ampel fuhr. Den Zusammenprall hätte ich niemals überlebt. Der Kerl fuhr mindestens 80 Stundenkilometer und war sich nicht im Geringsten bewusst, dass ich an der Kreuzung stand.

Ich hupte, als er an mir vorbeischoss. Er sah mit glasigem Blick zu mir herüber, ohne zu wissen, dass er gerade einen tödlichen Verkehrsunfall hätte verursachen können, wenn ich nicht meiner Regel gefolgt wäre, immer noch einmal zu schauen, bevor ich auf eine Kreuzung fahre, auch wenn ich Grün habe.

Mein Gefühl an diesem Tag war: Hätte ich Stephen wirklich auf die andere Seite folgen wollen, dann wäre das die Gelegenheit gewesen. Aber ich tat es nicht. Ich entschied mich für das Leben. Deshalb bin ich immer

noch hier und mache die Erfahrung, wie Leben und Trauer zusammen funktionieren. Manchmal bringen sie uns zu den komischsten Aktionen.

Diese Woche hätte ich fast mein Haus verkauft – in dessen Umgestaltung Stephen und ich unsere ganze Liebe gesteckt hatten. Das von seiner Meditation geprägt ist. Für das er sicherstellte, dass ich darin leben konnte, wenn er nicht mehr da war. Es war eine merkwürdige Entscheidung – zu der ich mich aber gezwungen fühlte. Zumindest bis ich stapelweise Gerümpel und alte Geschäftsordner entsorgt und vom Dachboden bis zum Keller alles von Grund auf gereinigt hatte.

Ich hatte mir ein hübsches Apartment ausgesucht und machte mich umzugsbereit. Aber in letzter Minute konnte ich es dann doch nicht. Plötzlich wurde das Haus, das sich mehr wie Stephens Haus angefühlt hatte als meins, zutiefst zu meinem Zuhause. Und so wurde das »Zu verkaufen«-Schild buchstäblich einen Tag, nachdem es angebracht worden war, schon wieder abmontiert.

Jetzt fühle ich mich ganz wunderbar zu Hause. Alle Räume funktionieren. Stephens Anwesenheit ist für mich jetzt schon eine ganze Weile spürbar. Aber die Dinge sind jetzt anders. Ich bin jetzt in meinem Leben, nicht mehr in unserem.

Unser Leben wird immer ein Teil von mir sein. Aber mit seiner Anweisung, nirgendwo stecken zu bleiben, scheint er mein Bewusstsein gemeint zu haben, nicht wortwörtlich einen Ort. Ich kann mich jetzt hier für lange Zeit wohnen sehen. Und das ist eine große Erleichterung.

Ich beginne, einen neuen Aspekt der Trauer zu bemerken. Es ist ein ständiger Tanz zwischen dem Einfordern der Gegenwart und dem Loslassen der Vergangenheit. Gestern Abend hat meine Mutter mich daran erinnert, dass die Zeit alle Wunden heilt. Ich glaube allerdings nicht, dass sie selbst es ist, die heilt. Sondern das, was wir mit ihr anfangen.

Und der wirkliche Schlüssel liegt für mich darin, immer darauf zu achten, was im gegenwärtigen Augenblick entsteht, und dem dann zu folgen – ohne Angst zu haben, mich abrupt anders zu entscheiden, sobald ich mehr Informationen habe, die den Weg klarer machen.

Das Trauern hat mich ein bisschen verrückt gemacht. Aber vielleicht war ich ja auch schon immer so verrückt. Ich gestatte mir dieser Tage nur selbst, mit der Verrücktheit zu tanzen. Weil ich genau weiß, dass der Trauerprozess selbst sehr weise ist. Und weise mit ihm mitzugehen, verlangt höchste Aufmerksamkeit.

3. Kapitel

Freilassen als Lebensweise

Wir leben in einer Kultur, die so darauf bedacht ist, an geliebten Menschen, Orten und Dingen festzuhalten, dass es gar kein Wunder ist, wenn viele von uns Probleme mit dem Loslassen haben. Aber wenn wir vor unserem Tod oder dem Tod eines geliebten Menschen stehen, ist Freilassen das Leitmotiv – immer und immer wieder, während der Übergang, der Verlust und die Trauer ihren Lauf nehmen.

Mir gefällt der Ausdruck »Freilassen« besser als »Loslassen«, weil er das Gefühl vermittelt, dass Energie aufgebaut wird und man dann losrennt, um etwas Neues zu erschaffen. »Loslassen« dagegen fühlt sich mehr an, wie etwas fallen zu lassen, an das wir uns geklammert haben.

Die Natur kann hier eine weise Lehrerin sein, weil es anstrengend ist, auf diese Welt zu kommen, und anstrengend, sie wieder zu verlassen – und Anstrengung

bedeutet sowohl, Energie aufzubauen, als auch, sie wieder freizulassen.

Ich erinnere mich, wie konzentriert Stephen vor seinem Tod wurde. Er sammelte all seine Energie, wie eine Rakete, die vor dem Start vollgetankt wird. Meine Freundin ist Hebamme und sagt, dass das bei einer gebärenden Frau genauso ist. Rückblickend auf ihre eigene Erfahrung sagt sie, dass sie alle Kraft zusammennahm, um sich auf die letzte Anstrengung vorzubereiten, ihr Kind in die Welt freizulassen.

Unser Leben ist also eingerahmt von heftigen Wehen. Bei der Geburt wird die Seele auf ihre neue Odyssee in Zeit und Raum geschossen. Beim Tod wird sie in eine Welt des Lichtes und der Liebe katapultiert, die unser Verstand nicht begreifen kann.

Über diese beiden grundlegenden Ereignisse ist viel geschrieben worden. Aber die Frage bleibt: Wie lassen wir los, wenn wir nicht derjenige in den Wehen sind? Oder – sind wir ständig in den Wehen? Wenn das stimmt, dann könnte es sich als nützlich erweisen, das Freilassen als Lebensweise zu sehen.

Diese Woche fragte mich eine Leserin meines Blogs, wie man sich auf das Loslassen vorbereiten könne. Ich

antwortete ihr: »Blühe, wo du gepflanzt wurdest. Sei immer ganz da, wohin das Leben dich führt, und übe, mit kleinen Veränderungen umzugehen, wenn sie auftreten. Wenn dann ein dramatischer Verlust in dein Leben kommt, wird das Freilassen in die nächste Phase der Existenz eine Gewohnheit und kein Schock mehr für dich sein.«

Das bedeutet, das Heute nicht damit zu vergiften, was viele Psychologen »antizipative Trauer« nennen – mit Gedanken und Ängsten über das Kommende. Es ist sehr schwer, der Neigung des Verstandes zu widerstehen, in die Zukunft zu springen, wenn die Realität von morgen heute echten Schmerz hervorruft. Aber es gibt einen Weg hindurch. Er wird »Leben im Jetzt« genannt, wo die Dinge vielleicht noch nicht so schlimm sind.

Das Wissen, etwas Wertvolles zu verlieren, ist sehr traurig. Ich lebte jahrelang mit diesem Schmerz. Und gleichzeitig bemühte ich mich sehr, mir immer wieder klarzumachen, dass Stephen nach wie vor bei mir war.

Ich erinnere mich, wie er einige Wochen, bevor er aufhörte zu arbeiten, sagte, dass ein paar Kollegen sich verhielten, als sei er schon tot. Ihre emotionale Loslösung war fast schlimmer als seine körperlichen Beschwerden, weil er sich dadurch unwichtig und wie eine Last für seine Freunde fühlte.

Wir erkannten beide, dass es ganz natürlich ist, sich vor dem Schmerz eines künftigen Verlustes abzuschirmen. Vielleicht wünschen wir uns ja sogar, dass der andere sich beeilt und stirbt, damit uns der langwierige Prozess erspart bleibt, ihn vor unseren Augen dahinsiechen zu sehen.

Aber der wahre Weg durch das Leid von heute aufgrund der Traurigkeit von morgen liegt darin, im gegenwärtigen Augenblick unseres Lebens präsent zu sein – und uns auf die heutige Arbeit zu konzentrieren, aus der die morgige entstehen kann. Es bedeutet, die hochkommenden Gefühle anzuerkennen und zu durchleben. Es bedeutet, darüber zu sprechen, was für uns wichtig, ja auch beunruhigend ist. Es bedeutet, uns um uns selbst zu kümmern, damit wir genügend Energie für die künftigen Anstrengungen haben. Mit anderen Worten bedeutet es, das Leben absichtsvoll und engagiert zu leben, während es seinen Lauf nimmt.

Eine von Stephens größten Lektionen an mich war es, Freude am Prozess des Lebens selbst zu haben, nicht nur an Ergebnissen. Seltsam, dass er mich daran erinnern musste, weil genau das meine Erfahrung als Schauspielerin in musikalischen Komödien gewesen ist. Jedes Stück, jedes Lied und jeder Tanz folgen einem bestimmten Ablauf. Das große Finale entsteht, weil jeder Schritt konzentriert und mit Herz ausgeführt wurde.

Beim Loslassen am Ende des Lebens geht es also darum, bis zum endgültigen Abschied in jedem Augenblick ganz da zu sein. Vertrauen Sie der universellen Weisheit dieses Prozesses. Und achten Sie auf den Energieaufbau – egal, ob die Erfahrung freudig oder traurig ist. Denn am Ende kann sich selbst der schwerste Verlust in die heitere Freiheit des Freilassens verwandeln – wenn wir uns nicht dagegen wehren, wie uns das verändert.

Es geht ganz darum, in die nächste Phase des Seins überzugehen. Unsere Seele versteht dieses Konzept. Unser Verstand muss nur aufholen.

4. Kapitel

Fragen und Antworten über das Loslassen

Hier sind ein paar Auszüge aus einem längeren Dialog, der auf meinem Blog stattfand.

Ich staunte, wie tief diese junge Frau in ihren Trauerprozess gehen wollte und wie sehr sie zuließ, bei ihren Gefühlen zu sein. Es war eine Ehre für mich, diesen mehrtägigen Dialog mit ihr zu führen. Ihre wichtigsten Fragen und meine Antworten habe ich hier festgehalten.

F. Wie sehr, denkst du, beeinflusst es den Prozess des Loslassens, wenn man jemanden pflegt?

A. Für mich wurde die Pflege zu einer Zen-Übung, um meine psychologischen Anhaftungen und Blockaden loszulassen, damit ich Stephen nicht in dem Prozess störte, sein körperliches Leben loszulassen.

Ja, ich glaube wirklich, dass es mir auf diese Weise leichter fiel, ihn freizulassen, weil ich fühlte, wie bereit seine Seele war loszufliegen. Und ich denke, viele Pfleger würden mir zustimmen: Wenn man will, dass der geliebte Mensch nicht mehr leidet, ist es einfacher, ihn gehen zu lassen und zu akzeptieren, dass er nun auf der anderen Seite ist.

Wenn wir offen dafür sind zu lernen, lehrt uns die Pflege Selbstlosigkeit, wie es meiner Meinung nach keine andere Erfahrung kann. Ich war mir sehr bewusst, für Stephen ganz da sein zu müssen und ihm dabei gleichzeitig nicht in die Quere kommen zu dürfen.

Diese Übung, für ihn ganz da zu sein, übertrug sich direkt darauf, dass ich dann auch in meiner Trauer ganz da war, als dieser Teil der Reise begann. Es war wie eine Übung für die Langstrecke, vor der man als Hinterbliebener steht. Ich weiß, dass meine Trauererfahrung wesentlich reicher war, weil ich mich tief auf Stephens Ende einließ.

F. Verändert die Entscheidung, jemanden zu pflegen, den man liebt, die Verbindung zu ihm auf irgendeine mysteriöse, instinktive Weise, so dass man dann die Trauer anders erlebt?

A. Besonders schwierig an der Pflege ist, dass sie eine Beziehung wirklich verändern kann. Kinder übernehmen für ihre Eltern eine erwachsenere Rolle, diese wiederum können immer kindlicher werden. Und Ehepartner finden es schwierig, Liebhaber und Freunde zu bleiben, wenn die Pfleger-Patient-Beziehung vorzuherrschen scheint.

Das ist ein Grund, warum ich die Rolle der Palliativ- und Hospizpflege bei einer fortschreitenden oder tödlichen Krankheit so schätze. Die professionellen Pfleger übernehmen einen Großteil der medizinischen Last und helfen, persönliche Dynamiken zu erkennen, damit Familienmitglieder und Ehepartner mehr von der ursprünglichen Beziehung beibehalten können.

Natürlich gibt es Veränderungen, wenn ein geliebter Mensch geht, aber letztendlich kann es auf diese Weise familiärer bleiben und weniger klinisch. Das ist ein großer Segen.

F. Wie wirkt es sich auf einen selbst aus, wenn man sich entscheidet, mitfühlend und selbstlos am Sterbeprozess eines anderen teilzuhaben?

A. Mein Verständnis von Pflege ist, dass wir nur so viel am Sterbeprozess eines anderen teilhaben, wie wir in ihn

eingeladen werden. Natürlich unter den besten Bedingungen. Aber ich habe großes Vertrauen darin, wie das Universum diese Dinge regelt. Sogar wenn sich jemand ungerechterweise als Pfleger ausgesucht fühlt, vermute ich, dass es tiefliegende Gründe für diese Beziehung gibt.

F. Was tut man, wenn jemand sich weigert, bei der Pflege zu helfen oder gar zur Beerdigung oder Beisetzung zu kommen?

A. Das wird nur zu einem weiteren Weg, um loszulassen – sich gegenseitig von den subtilsten Erwartungen darüber zu befreien, was wir tun oder lassen sollten. Menschen spüren es, wenn sie respektiert werden, und wenn sie fühlen, dass sie keinen Druck mehr von außen haben, beschließen sie oft, sich einzubringen – wo sie es vorher vielleicht nicht getan hätten.

Wirklich großherzig beim Thema Pflege zu sein bedeutet, uns selbst und anderen großes Mitgefühl entgegenzubringen, während wir durch den Verlust- und Trauerprozess gehen.

Die Zahl der Angehörigen und/oder Freunde mag groß sein, aber jeder von uns unternimmt diese Reise auf seine eigene Art und in seiner eigenen Zeit. Das zu respektieren, ist mit der höchste Ausdruck von Liebe.

5. Kapitel

Wie wichtig Zufallsbekanntschaften sind

Letzten Freitag hatte ich eine Autogrammstunde für mein Buch »A Beautiful Death« bei Barnes & Noble in der Innenstadt von Denver. Es war Mittagszeit, viele Leute strömten durch das Geschäft. Einige hatten Mittagspause von einer Tagung, andere trafen sich im Café. Ich war strategisch in der Nähe eines viel genutzten Durchgangs positioniert und ergriff die Gelegenheit, um die Leute darauf anzusprechen, was sie unter einem »schönen Tod« verstanden.

Ich war angenehm überrascht, dass viele tatsächlich positiv auf die Möglichkeit eines schönen Lebensendes reagierten. Natürlich nicht alle. Aber zumindest einige waren offen für diese Vorstellung und blieben auf einen Plausch stehen.

Ich fühlte mich besonders zu Leuten hingezogen, die sich positiv zeigten. Hilfreich war auch, wenn sie mir direkt in die Augen blickten, statt so zu tun, als stünde ich nicht direkt vor ihnen, um ihnen von meinem Buch zu erzählen.

Gegen Ende meines Termins kam ein sympathischer Mann vorbei, der recht offen für meine Geschichte zu sein schien und mich ein Buch für ihn signieren ließ. Ich ahnte nicht, dass er andere Absichten gehabt hatte. Hier ist die ziemlich überraschende E-Mail, die ich gestern von ihm bekam.

»An: Cheryl

Inhalt: Danke, dass Sie mir neulich dieses Buch verkauft haben.

Sie haben mich gestoppt und mir Ihr Buch hingehalten, das Sie dabei geflissentlich anpriesen. Der einzige elegante Fluchtweg für mich war, Sie zu bitten, es zu signieren. Sie haben es nicht nur signiert, sondern mir auch noch meinen Vornamen entlockt und mir das Buch gewidmet.

Nun, so viel zu meinem ursprünglichen Plan. Ich konnte es nicht unten im Buchladen liegen lassen und guten Gewissens weiter meinen Tag verbringen. Es zurückzulassen, wäre inakzeptabler Vandalismus gewesen, und der Preis – ein Taschengeld – warf mich auch nicht gerade zurück.

Meine natürliche Zurückhaltung in Sachen Bücherlesen schmolz dahin, als die Herrin des Hauses [ich denke, er meint seine Frau] mir nach der Lektüre der Geschichte für den Kauf dankte. Ich machte mich also ans Lesen und habe es seit heute Morgen fertig, bis auf das Nachwort, das ich mir noch aufspare, bis das Gelesene eingesickert ist.

Da das Buch mich angesprochen hat, weil ich meinen lieben, geschundenen Vater verloren habe (er gehörte zu den Truppen, die Dachau entdeckten und befreiten – eine grausige, sehr grausige Geschichte) und ich bei der Trauer um ihn praktisch die Kontrolle über mich selbst verlor, konnte ich Sie nicht so einfach ausblenden, als wären Sie hinter dem Tischchen sitzen geblieben, das der Buchladen Ihnen da hingestellt hat. Alle Achtung vor Ihrem mutigen Schritt vor diese kleine Brüstungsmauer.

Um nach dem Tod meines Vaters wieder Kontrolle über mich selbst zu bekommen, musste ich mich mit mindestens zehn Jahren ausschweifender

Genusssucht auseinandersetzen (in mancherlei
Hinsicht noch verstärkt durch seine Anwesenheit
in diesen Jahren), was meine Ehe erstaunlicherweise
überlebte. Und jetzt ist meine Ehe tatsächlich zur
Grundlage und Krönung meines verbliebenen
Gutes geworden.

Die Gegenwart des Todes – unsere Kultur schwimmt
förmlich darin – ist zu einer Art Geschenk geworden,
was auch so sein muss, wenn man freudig, dankbar,
bescheiden und mitfühlend leben will. Ich bin
wirklich gespannt darauf, irgendwann zu sterben,
und spiele mit diesen letzten Phasen ständig ima-
ginäres Schach, wie auch immer sie sein mögen,
kurz oder langwierig, ein wunderbarer Schrecken.

Vielen Dank für die Lektüre. Sie war wundervoll.«

6. Kapitel

Seelenraum finden

Mein Herz sehnt sich gerade nach etwas ganz Innigem – fast, als würde ich versuchen, meinen Weg durch den Schleier von Zeit und Raum zu fühlen, dorthin, wo auch immer Stephen jetzt ist. Aber vielleicht versuche ich auch einfach nur, meine eigene Seele zu finden – wo auch immer sie ist.

Das ist nun schon oft vorgekommen, seit Stephen fort ist. Aber jetzt in der Weihnachtszeit ist dieses Sehnen hartnäckiger, das Bedürfnis stärker, das Bedürfnis nach etwas, was ich Seelenraum nenne – einen Bewusstseinszustand, in dem ich mich mit mir selbst, anderen Menschen, dem spirituellen Universum und meinem verstorbenen Mann verbunden fühle.

Bei der Arbeit an meinem Buch fühlte ich eine tiefe Verbundenheit in diesem sehr kreativen Raum. Um gut zu schreiben, musste ich mich in mein Herz versenken und meine innersten Gedanken und Gefühle nach außen kehren. Wenn ich in Verbindung mit Stephens Geist treten und ihn in unserer Geschichte zum Ausdruck bringen wollte, war es ein Muss, persönlich authentisch zu sein.

In diesem herrlichen Seelenraum der Verbundenheit, wo ich täglich mehrere Stunden verbrachte, fand ich auch eine Heilungsquelle, die ich nur als göttlichen Geist beschreiben kann. Immer, wenn ich zulassen konnte, wirklich zu trauern und die Tränen und die Verzweiflung einfach hinausströmen zu lassen, strömte immer auch das Gefühl herein, von etwas getröstet zu werden, das mehr ist als mein menschliches Selbst.

Aber das Buch habe ich jetzt fertig geschrieben, und je mehr das Leben mich zurück ins Alltagsleben schubst, umso weniger verbunden fühle ich mich mit meiner Seele, dem göttlichen Geist und Stephen – und umso verzweifelter und erschöpfter bin ich.

Anders als die meisten Leute, die schon wenige Tage nach dem Verlust eines geliebten Menschen wieder arbeiten gehen müssen, finde ich mich erst jetzt zwischen den Mysterien des Seelenraums und den Notwendigkeiten des Alltags wieder.

Mein trauerndes Herz wünscht sich sehnlichst, sich tief nach innen zu wenden. Mit Stephens Geist Zwiesprache zu halten. In der Ambiguität zu verharren, die die dramatische Veränderung mir aufgezwungen hat. Die Wellen der Trauer und der Heilung ganz zu durchleben, die aus den geheimen Winkeln meines Herzens hervorquellen.

Aber das Leben ruft mich zurück an die Oberfläche, wo Jobs, Familie und finanzielle Verpflichtungen meine ganze Aufmerksamkeit verlangen. Die zusätzlichen Erwartungen der Weihnachtszeit machen die Last und das Gefühl der Isolation und Trennung nur noch schwerer, so dass die Trauer mir wie eine ewige Läuterung vorkommt.

Jetzt, inmitten meiner Anstrengungen, gleichzeitig zu arbeiten, zu trauern und wieder heil zu werden, begreife ich, was für ein Luxus es war, zu Hause zu sein, mich auszuruhen und zu schreiben, statt in die Welt hinaus zu müssen wie andere Trauernde, die einen Bürojob haben. Ich hatte ja keine Ahnung, wie schwer es ist, in einer Kultur wieder heil zu werden, die den Prozess der tiefen Trauer nicht unterstützt.

Mir wird klar, dass ein sanfter Umgang mit mir selbst jetzt sogar noch wichtiger ist als in der Zeit, als ich mich den ganzen Tag in meinem Heimbüro verstecken konnte. Seelenraum entsteht nicht einfach von selbst. Ich muss

Zeit für ihn schaffen, ihn zur Priorität machen – als würde seine absichtsvolle Tatenlosigkeit darüber bestimmen, wie gut ich im Leben weiterkomme.

Ich glaube, so wichtig ist er wirklich.

7. Kapitel

Auf den eigenen Rhythmus achten

Beim Beobachten und Nachdenken über die Phasen meines Trauerprozesses bin ich zu dem Schluss gekommen, dass (zumindest im Moment) der kürzeste Weg zurück in den heilenden Seelenraum darin besteht, der Führung meines Körpers zu folgen. Für mich liegt der Schlüssel darin, mich gut um mich selbst zu kümmern – worüber ich viel von meinem großartigen schwarzen Königspudel Bentley gelernt habe.

Bentley war gerade erst 14 Monate alt, als Stephen starb. Wie die meisten heranwachsenden Jungs (ob Mensch oder Hund) liebte er es, herumzurennen, zu spielen, zu essen und zu schlafen. Wenn er nicht genügend Auslauf bekam, gefiel ihm das gar nicht. Wenn er müde war, ließ er sich einfach hinplumpsen und hielt ein behagliches Nickerchen. Und wenn er aß, dann aß er einfach – und konzentrierte sich mit bewundernswerter Aufmerksamkeit auf jeden Happen.

Da er ein Hund war, war Bentley nicht gezwungen aufzustehen, wenn er noch müde war, am Tisch zu Mittag zu essen oder die Runde an der frischen Luft auszulassen. Mindestens zwei- oder dreimal am Tag machte er sich auf in die Natur, die voller intensiver Gerüche, Anblicke, Geräusche und Beschaffenheiten war. Und immer bekam er von seinen Menschen Streicheleinheiten – so dass er ein selbstbewusster, glücklicher, freundlicher und liebevoller Kerl war, der hauptsächlich von dem Standpunkt aus lebte: *Was will ich als Nächstes tun?*

Natürlich taten seine Menschen ihr Bestes, um diesen Wunsch in *Was bitten meine Rudelführer mich zu tun?* umzukanalisieren. Etwas, worin der Alpha-Hund (Stephen) erfolgreicher war als der Beta-Hund (Cheryl).

Bentleys Welt funktionierte auf diese Weise gut, bis Stephen starb. Dann fiel unser Hunderudel auseinander. Der Alpha-Hund war nicht mehr da, und ich machte als Ersatz keine gute Figur. Deshalb beschloss Bentley, dass das nun sein Job war. Er versuchte, der Chef zu sein – eine Rolle, für die er beklagenswert untauglich war.

Als unreifer Teenager-Hund war er der Aufgabe einfach nicht gewachsen. Man muss ihm hoch anrechnen, dass er es versuchte, aber was nun mit Bentley geschah, war, dass er aufhörte, auf seinen eigenen Rhythmus zu achten. Er verlor seine Mitte und den Kontakt mit seinem Hundeseelenraum.

Alles, was ich damals wusste, war, dass ich ihn ruinierte. Er brauche ein Zuhause mit einer klaren Rudelhierarchie und einem starken Alpha-Hund. Durch eine göttliche Fügung fand ich eine neue Familie für ihn, in der es zwei Männer gab, einen Garten und eine erwachsene Boxerhündin, die keinem Teenager die Macht überlassen würde.

Das war 2009. Seitdem habe ich gehört, dass Bentley sich sehr gut eingelebt hat. Aber das war ja klar – er hat seinen Rhythmus wiedergefunden.

Inwiefern lässt sich diese Geschichte über einen trauernden Hund in Bezug zu einem trauernden Menschen setzen? In mehrerlei Hinsicht:

- Ein Verlust zerstört unsere Rudelstruktur, zu Hause und am Arbeitsplatz.

- Wir können zu Recht oder Unrecht meinen, es sei unsere Aufgabe, den nicht mehr Anwesenden zu ersetzen.

- In dem Versuch, die Aufgaben anderer zu übernehmen, können wir unsere eigene Mitte verlieren.

- Wir können aus dem Rhythmus mit unserem eigenen Wesen kommen.

- Wir wissen nicht, was gut für uns ist.

- Wir blockieren die subtilen körperlichen Empfindungen und Gefühle, die uns veranlassen könnten, uns besser um uns selbst zu kümmern.

- Stattdessen können wir in mehr Arbeit und ungesunde Verhaltensweisen verfallen (etwa Missbrauch von Drogen, Alkohol oder Medikamenten), die unsere Trauer dämpfen, statt uns zu helfen, sie zu verarbeiten.

Auf den Körper zu hören, ist sehr wichtig. Bei Bentley musste ich auch sein Verhalten und seine Interaktion mit mir beobachten. Wir können das auch für andere tun und sie dann dabei unterstützen, sich um sich selbst zu kümmern.

Ich muss auf die Signale meines Körpers und auf die hochkommenden Gefühle achten – besonders, wenn sie negativ oder in irgendeiner Weise beunruhigend sind.

Wenn ich auf die leisen Warnungen höre, dass ich langsamer machen, durchatmen, mich dehnen und etwas Gesundes essen soll, dann verläuft mein Leben natürlicher. Und dann scheine ich auch geistig, emotional, körperlich und seelisch weniger zu leiden.

Bentley wäre sehr stolz auf mich!

8. Kapitel

Fließen wie Wasser

Mein Akupunkteur sagt, dass Trauer Schwerstarbeit für die Nieren ist, weil unser Körper zu 80 Prozent aus Wasser besteht und die Nieren mit dem Element Wasser in Verbindung stehen – das energetisch auch mit den Gefühlen verbunden ist.

Die Nieren helfen, die weibliche und männliche Yin- und Yang-Energie im Körper auszubalancieren. Zu viel Yin, und wir sind mutlos, weinerlich und emotional außer Kontrolle. Zu viel Yang, und wir wollen zu viel auf einmal, werden aufbrausend, reizbar und reaktiv – und brennen aus.

Das ist ein Grund, warum ich jetzt ständig müde bin, denn mein erstes Trauerjahr habe ich mit Arbeit, Arbeit und nochmals Arbeit verbracht. Die Rettung lautet also: chinesische Medizin und reichlich Ruhe, damit meine Nieren heilen können, bevor ich mich in die nächsten Projekte stürze.

Ich frage mich, ob die natürliche Tendenz zum Überdrehen nach einem dramatischen Verlust der unbewusste Versuch ist, die Fluten an emotionaler Energie zu kompensieren, in denen wir dahintreiben. Umgekehrt denke ich, dass wir, um die Trauer zu heilen, eins mit dem Element Wasser werden müssen und akzeptieren müssen, in den Strom einzutauchen.

Als Stephen noch lebte, war unser Motto: *Du kannst den Fluss nicht schneller fließen lassen*. Das hieß nicht, die medizinische Behandlung aufzugeben, wenn es noch Hoffnung gab. Aber es hieß auch nicht zu versuchen, den Sterbeprozess zu überlisten. Am Ende musste der Körper sterben. Wir ruderten einen mächtigen Strom mit großen Felsblöcken im Flussbett hinab. Unsere Aufgabe war es, um sie herumzuschwimmen, nicht, sie herauszufordern.

Wie also gelange ich in einen gesünderen, positiveren Fluss, ohne mich von meinen Verpflichtungen zerrissen zu fühlen? Vielleicht ganz entgegen der Intuition, indem ich zulasse zu gehen, wohin die Trauer mich führt.

Ich bin davon überzeugt, dass Trauer sehr weise ist. Als eines der wässrigsten Gefühle fließt sie. Sie ist in ständiger Bewegung. Manchmal unterirdisch. Manchmal an der Oberfläche.

Aber sie ist immer an der Arbeit, bahnt neue Wege der Erkenntnis, die in die nächsten Lebensphasen führen können – wenn ich ihrer Weisheit vertraue. Wenn ich unmögliche Erwartungen loslasse und akzeptiere, dass die Trauer mich in einer Weise mit meiner Seele verbindet, wie kein anderes Gefühl es vermag. Vielleicht sogar noch nicht einmal die Liebe.

In dieser Weihnachtszeit will ich mir Zeit für mich nehmen, um zu weinen, Tagebuch zu schreiben, nachzudenken und zu meditieren. Tief in mich zu gehen und eine Weile nichts zu tun. Im Tränenmeer und gehaltvollen Nichts wässriger Trauer hoffe ich, Mut und Inspiration für die kommenden Tage zu finden.

9. Kapitel

Sich eine Auszeit nehmen, um neue Verbindungen zu schaffen

Ich habe einen Unterschied bei Menschen bemerkt, die einen dramatischen Verlust erlebt und die Launen ihres Trauerprozesses akzeptiert haben. Es ist etwas Weiches an ihnen, ein mitfühlender Blick, der sagt: *Ich weiß, was Leiden ist.*

Manchmal ist ihre Stimme traurig eingefärbt. Und doch ist da ein Licht, ein Wissen, ein Gefühl von Hoffnung und Vertrauen, das hindurchscheint, weil diese Menschen in ihrer Seele von einem tiefgreifenden Bestandteil des Lebens berührt wurden – seinem Ende.

Trauer kann – wenn wir ihrer Führung folgen – eine Seelenbewusstheit in uns entfachen, die bleibt, auch wenn wir weitergehen. Die Leute sagen: »Über einen

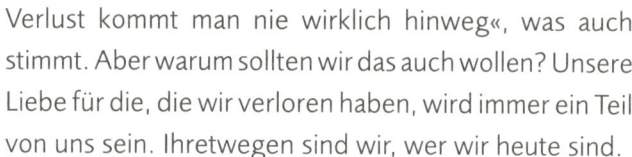

Verlust kommt man nie wirklich hinweg«, was auch stimmt. Aber warum sollten wir das auch wollen? Unsere Liebe für die, die wir verloren haben, wird immer ein Teil von uns sein. Ihretwegen sind wir, wer wir heute sind.

Natürlich wollen wir nicht weiter in dem tiefen, ungeheilten Schmerz leben, in dem viele Menschen jahrelang stecken bleiben. Aber für mich ist dieses »Loch in Stephens Größe« in meinem persönlichen Universum eine ziemlich kontraintuitive Erinnerung daran, dass der Geist fortbesteht, obwohl der Körper nicht mehr da ist. Und es ist die spirituelle Verbindung, die letztendlich heilt. Es ist nicht nur mein Geist, der sich mit Stephens Geist verbindet, sondern auch meine Seele, die sich mit der göttlichen Gegenwart in mir verbindet.

Stephen wusste das so gut. Obwohl ihn der Gedanke schmerzte, mich zurückzulassen, war sein stärkster Wille die seelische Vereinigung mit seinem göttlichen Ursprung. Er glaubte an diese letztendliche Wiederverbindung als einzige, wahre, letzte Heilung des Trennungsgefühls, das die wahre Wurzel all unserer Trauer ist.

Ich muss sehr still sein, stelle ich fest, um mit diesem Wissen in Berührung zu kommen. Meine Prioritäten ändern. Aufhören zu versuchen, die Superfrau zu sein. Ausruhen. Weinen. Lachen. Spielen. Menschen finden,

mit denen ich mich ehrlich und liebevoll verbinden und austauschen kann.

Diese Woche habe ich mir einen Tag für meine geistige Gesundheit reserviert. Zum ersten Mal seit Tagen habe ich mich wieder mit meinem Tagebuch befasst, ein Vergnügen, bei dem ich mich fast schon schuldig fühlte. Mein Büro ist nach wie vor eine Katastrophe. Ich habe es noch nicht komplett weihnachtlich geschmückt. Weihnachtseinkäufe stehen auch noch an. Aber all das wird warten müssen. Denn alles auf meiner To-do-Liste werde ich schneller abhaken können, wenn ich meinen Rhythmus wiedergefunden habe, weil sich mein Körper jetzt entspannt. Ich atme wieder. Ich bin zurück im Seelenraum.

Geht es in der Weihnachtszeit nicht genau darum? Sich eine »Auszeit« zu nehmen, um sich wieder mit dem authentischen Teil des Selbst zu verbinden, der immer eins mit dem göttlichen Geist ist. Es ist ein Seinszustand, den wir still aufsuchen können, bis der Seelenraum zu einem vertrauten Ort geworden ist, an dem wir jeden Tag ein bisschen heiler werden.

Heute hat mich eine neue Freundin gefragt, was kurz gefasst das Hauptthema meines Buches ist. Diese Frage macht mich ob der vielen Möglichkeiten immer um eine Antwort verlegen. Es ist zum Beispiel die Geschichte,

wie Stephen und ich lebten und liebten, uns verloren und uns dann wieder spirituell fanden, eine Verbindung, die viele sehr persönliche Bedeutungen für mich hat.

Außerdem hat die Geschichte für andere Menschen ganz andere Bedeutungen. Aber auch das ist nicht ihr wahrer Kern.

Als ich nach einer Antwort suchte, kam meine Freundin direkt zur Sache und sagte: »Ich glaube, es geht darum zu lieben, während man die Möglichkeit dazu hat.«

Ist das nicht perfekt? Schaffen Sie jetzt neue Verbindungen, während Sie es noch können – mit allen, die Sie lieben. Mit allem, was Sie lieben. Mit dem Leben selbst. Begeben Sie sich in den jetzigen Augenblick und erleben Sie, welcher Segen zu Ihnen zurückströmt – wenn auch manches davon in Gestalt von Kummer und Schmerz.

Ich habe über den Umgang mit der Weihnachtszeit geschrieben und zu diesem Thema auch Radiointerviews gegeben. Heute, in der Stille, die die Sonnenwende in den Trubel des Dezembers bringt, glaube ich, dass der Schlüssel zum Wohlbefinden in dieser Zeit des Jahres darin liegt, Verbindungen zu schaffen. Wenn Sie allein sind, werden Sie still und fragen Sie sich, was Ihnen das Gefühl gibt, mit dem Leben verbunden zu sein, mit dem göttlichen Geist, mit Ihrem Herzen. Dann streifen Sie Ihre Einsamkeit ab und tun Sie genau das.

Wenn Sie jemanden kennen, der allein ist, laden Sie ihn ein, um eine Verbindung mit ihm zu schaffen. Fragen Sie ihn, was er gerne mit Ihnen zusammen machen würde, und tun Sie es. Aber es ist auch in Ordnung zuzugeben, dass Sie nicht wissen, was Sie sagen sollen, um seine Last leichter zu machen. Ihn wissen zu lassen, dass Sie ihn wichtig nehmen und ihn in der Weihnachtszeit mit dabei haben möchten, kann viel bewirken.

Allerdings sollten wir die in der Weihnachtszeit geschaffenen Verbindungen danach nicht wieder schleifen lassen. Was würde passieren, wenn wir uns vornehmen würden, im neuen Jahr weiter mit diesen Menschen verbunden zu bleiben? Stellen Sie sich vor, wie viel Freundlichkeit und Mitgefühl entstehen könnten, wenn wir uns das zur Gewohnheit machen würden.

Um dieses Jahr mehr mit anderen Menschen zu unternehmen, habe ich mir selbst gestattet, keine Weihnachtskarten zu verschicken. Aber wenn ich es täte, würde ich darauf schreiben:

Ich wünsche dir eine Auszeit
für tiefe Verbindungen in dieser Weihnachtszeit.

10. Kapitel

Die Heilkraft der Trauer

Ich glaube, dass Trauer schwieriger ist, wenn man Veränderungen und Verluste im Leben nie verarbeitet. Wenn die Umstände uns dann einen Schicksalsschlag oder auch nur eine leichte Enttäuschung verpassen, wissen wir nicht, was wir mit der Leere anfangen sollen, die auf den Schock folgt.

Statt sie als Inspiration zu nutzen, um das Gefühl loszulassen, dass *das nicht hätte passieren dürfen*, und uns tiefer nach innen zu wagen, um einen Sinn und neue Entschlusskraft zu finden, suchen wir im Außen nach Wegen, um die Lücke zu füllen.

Vor Jahren, als ich an meiner Highschool mit einer Stimme die Wahl zur Schülersprecherin verlor, nahm meine Mutter mich mit auf eine Shoppingtour, damit ich mich wieder besser fühlte. Es war eine liebe Geste, aber

nicht unbedingt die richtige Lösung. Ich war alt genug, um dadurch etwas über Stolz und das Anhaften an Macht und Auszeichnungen zu lernen, aber ich tat es nicht. Dafür kamen diese Lektionen dann später und oft in problematischerer Form.

Vielleicht liegt es daran, dass ich immer noch sehr mit meiner eigenen Trauergeschichte beschäftigt bin, dass ich sie bei anderen so intensiv wahrnehme. Warum auch immer, es zeigt mir, dass wir von zahllosen emotional verwundeten Menschen umgeben sind, die in unterschiedlichen Phasen eines Traumas oder Schmerzes feststecken, ohne weiter zu Akzeptanz, Entschlusskraft und Heilung übergehen zu können.

In den letzten Jahren hatte ich Gelegenheit, dieses Problem bei älteren Menschen zu beobachten. Lebenslange Kirchgänge verschafften ihnen nicht automatisch inneren Frieden, es sei denn, dass sie wie mein Vater das Glück hatten, auch ein reiches spirituelles Leben neben der regelmäßigen Teilnahme am Gottesdienst zu führen.

Mein Vater hatte eine tiefe Verbindung zu Gott, über die er nie sprach. Er erwähnte sie mir gegenüber erst, als ihm fälschlicherweise Krebs diagnostiziert worden war, ein paar Jahre, bevor er starb. Damals führten wir ein langes Gespräch über Leben und Tod. Ich wollte wissen,

dass er mit Gott im Reinen war, und er wollte wissen, dass ich mit Stephen glücklich war (beide Male Daumen hoch).

In diesem Gespräch erzählte mein Vater mir über seine Erfahrung als Junge, als er dem Altarruf folgte und bei einer Erweckungsversammlung die Anwesenheit Jesu fühlte. Er sagte, dass dieses »warme Gefühl, dass alles gut sein würde«, ihn seither nie mehr verlassen hatte. Als er dann schließlich starb, sah ich diesen inneren Frieden in seinem Lächeln, das direkt nach seinem Tod auf seinen Lippen lag.

Eine liebe ältere Bekannte sagt, dass sie diese Art von Gewissheit nie wirklich hatte. Sie hat ein starkes Gespür für Übergangsphasen im Leben, und wenn sie vor Veränderungen steht, trifft sie Entscheidungen danach, was sich richtig anfühlt.

Ich weiß, dass sie sehr mit ihrer Intuition verbunden ist, aber der Seelentrost, den sie sich immer gewünscht hat, scheint ihr nicht vergönnt zu sein. Offenbar hat sie nicht die spirituelle Zuversicht, die sie in ihrer jetzigen Situation gerne hätte. Aber vielleicht unterschätze ich sie auch.

Wegen ihrer Arthritisschmerzen und dem Verlust ihrer Mobilität ist sie oft niedergeschlagen, und ihr Lebensgefährte ist wegen zunehmender Demenz, die vor ein paar Jahren durch einen Schlaganfall ausgelöst wurde, oft

zerstreut. Sie versuchen, sich auf die Liebe zu konzentrieren, die sie in den 80er-Jahren als Witwe und Witwer zusammenführte, und an die guten Jahre, die sie miteinander teilten, aber der allmähliche Verlust des körperlichen Selbst verursacht täglich eine Trauer, die anders ist als alles, was sie je ertragen mussten.

Bei einem sich so hinziehenden Leid ist es schwierig, Trost zu finden oder zu schenken. Und doch habe ich das Gefühl, dass die Trauer Gottes ein allgegenwärtiges Heilmittel für die Beschwerlichkeiten ist, die unser Leben in Raum und Zeit eben unvermeidlich mit sich bringt.

Ich bin davon überzeugt, dass wir, wenn wir unsere Verluste zutiefst betrauern und uns mit den Lektionen darin befassen, den Segen der Verbundenheit erfahren, weil wir uns dann ganz dem Prozess überlassen, der uns zu profunder Seelenarbeit trägt.

Es ist, als wäre das Leben dazu bestimmt, uns das Herz zu brechen. Aber genau die Tatsache, dass wir ein Herz haben, das gebrochen werden kann, ist ein Zeichen, dass wir im Innersten spirituelle Wesen sind und uns deshalb mit dem Göttlichen verbinden können. Ein gebrochenes Herz kann Welten überbrücken und in Verbindung mit dem göttlichen Geist treten, was einem gewöhnlichen Bewusstsein normalerweise nicht möglich ist.

Es ist ein anderer, höherer Zustand der Offenheit und Verletzlichkeit. Im Moment des Wissens, *es allein nicht schaffen zu können*, greift ein göttlicher Tröster ein.

Wenn wir unsere weltliche Machtillusion aufgeben, finden wir wahren Trost. In unserer Hilflosigkeit erhalten wir die spirituelle Kraft voranzugehen – und das zutiefst spirituelle Wissen, dass das Leben viel mehr ist als nur körperliche Erfahrungen.

Ich glaube aufrichtig, dass die Erkenntnis unserer Machtlosigkeit womöglich alles ist, was Gott von uns braucht, aber wir kämpfen so erbittert dagegen an. Oder unser Ego tut es. Dieses kleine, unnachgiebige Selbstgefühl ist äußerst störrisch und defensiv. Es weiß, dass es verloren hat, wenn wir uns unsere Verletzlichkeit eingestehen und beginnen, unserer spirituellen Verbundenheit zu vertrauen. Und genau darum geht es für mich im Leben: die Kleinheit des Egos durch die Weite des göttlichen Geistes zu ersetzen, der uns immer zur Verfügung steht.

Ein Weg dorthin ist es, im Augenblick großer und kleiner Verluste zutiefst zu trauern. In den Jahren nach der Highschool lernte ich schließlich, unbedeutende Enttäuschungen, kleinliche Anhaftungen und die subtile Leere loszulassen, die ich fühlte, als mein Leben sich veränderte. Die Gewohnheit des ständigen Freilassens

leistete mir dann später bei dramatischen Verlusten wertvolle Dienste.

In den viereinhalb Jahren seiner Krankheit arbeiteten Stephen und ich immer wieder gemeinsam am Loslassen. Als der letzte Abschied bevorstand, konnten wir diese Übung nutzen, um uns mit unserem Seelenraum zu verbinden – in dem ich Heilung fühlte und in dem das Leben mich in Liebe und Glück weiter voranführt.

11. Kapitel

Warum unsere Sterblichkeit uns erstaunt

Manche sagen, wir seien spirituelle Wesen, die materielle Erfahrungen machen. Anderen zufolge sind wir materielle Wesen, die versuchen, spirituelle Erfahrungen zu machen.

Für mich ist es das Zusammenspiel zwischen unserem göttlichen und materiellen Wesen, das unser Menschsein so faszinierend und frustrierend zugleich macht. Dieser kosmische Tanz erklärt auch, warum unsere Sterblichkeit uns so in Erstaunen versetzt, wenn sie in unser Leben hereinbricht und unsere Pläne für eine freudige Zukunft zerstört.

Aufzuhören zu existieren, ist eine Vorstellung, die uns nicht leichtfällt. Aber das sollte sie auch gar nicht. Weil in vielen Glaubenssystemen das »Ich« gar nicht aufhört

zu existieren – es wechselt nur den Körper. In den Tiefen unserer Psyche wissen wir das. Was uns schockiert, ist die Erkenntnis, dass die Zeit für uns gekommen sein könnte, unseren jetzigen Körper abzulegen – oder für jemand anderen, den wir lieben wie das Leben selbst.

Einige Monate, bevor Stephen an metastasiertem Darmkrebs starb, wurde ihm diese Dichotomie seines Wesens zutiefst bewusst. Einerseits hatte das göttliche Wesen, das er in seinem Leben immer zum Ausdruck bringen wollte, keine Angst vorm Sterben. Wenn wir Bücher über die Reise der Seele von dieser Welt in die nächste lasen, weinte er angesichts der unaussprechlichen Liebe, von der er fühlte, dass sie ihn auf der anderen Seite erwartete.

Für Stephens Seele würde die Abreise aus diesem Leben eine herrliche Wiedergeburt und Wiedervereinigung mit der göttlichen Gegenwart werden, mit der er in seinen Meditationen immer intensiver und häufiger in Berührung kam. In dieser außerordentlichen Verbundenheit gab es keine Angst.

Und doch: Als seine Kraft begann nachzulassen, seine körperliche Form von der schrecklichen, zerstörerischen Krankheit schwächer wurde, wurde ihm die Angst des Körpers vor seinem bevorstehenden Tod bewusst.

Ich fand es bemerkenswert, dass er diese beiden so unterschiedlichen Kräfte in sich spürte und so klar zwischen beiden Prozessen differenzieren konnte. Aber nicht selten sagte er: »Mein Körper ist ängstlich.« Und dann wurde er ganz still.

Seinen Körper zu verlieren, war schwierig für Stephen, weil er immer sehr gesund und kräftig gewesen war. Er hatte Sportverletzungen erlitten, war aber nie krank gewesen. Er war es gewohnt, dass sein Körper Beanspruchungen ertrug und sogar stärker davon wurde. Aber jetzt war es an seiner Seele, sich der Herausforderung des Übergangs zu stellen – und das tat sie.

In den letzten Wochen seines Lebens vergeistigte er vor meinen Augen, bis er eines Tages erklärte: »Ab jetzt gibt es nichts mehr zu fürchten.« In seinen letzten Tagen erfasste ihn zwar noch etwas Unruhe und sogar plötzlicher körperlicher Schmerz, aber ich glaube nicht, dass sein Körper noch Angst hatte, weil er so gelassen dahinschied.

Zu akzeptieren, dass der Körper sterben muss, damit die Seele weitergehen kann, ist für jeden von uns eine Herausforderung. Unsere Sterblichkeit erstaunt uns, weil wir – selbst wenn wir ein Leben nach dem Tod anzweifeln – seelengeführter sind, als wir vielleicht meinen. Es ist, als

würden wir eine Kontinuität des Bewusstseins spüren, die vor und nach dem Leben besteht.

In gewisser Weise spielen wir das Drama von Tod und Wiedergeburt jede Nacht nach, wenn wir schlafen gehen und morgens wieder aufstehen. Die Tatsache, dass wir wieder aufstehen, erzeugt in uns das Gefühl, dass es immer so sein wird.

Und so fabrizieren wir uns ausgeklügelte Zerstreuungen, um den letztendlichen Tod des Körpers zu verleugnen. Wir weigern uns, über den Tod zu sprechen. Wir investieren Millionen, um unseren Körper künstlich am Leben zu erhalten, selbst wenn die Seele bereit ist weiterzugehen.

Und doch ist da eine zärtliche Verbundenheit zwischen Körper und Seele, die wir für uns nutzen können, wenn wir zulassen, mit der Dichotomie zu leben, spirituelle und materielle Wesen zugleich zu sein.

12. Kapitel

Wie unsere Sterblichkeit uns inspirieren kann

Aufzuwachen fällt mir nicht gerade leicht. Nach dem Schlaf wieder zurück in meinen Körper zu gehen, war schon immer mühsam für mich, als würde ich ein Kleidungsstück überziehen, das mir nicht besonders gut passt. Aber vielleicht bin ich mir ja auch nicht ganz sicher, meinem Körper vertrauen zu können, dass er den lieben langen Tag nach meiner Pfeife tanzt.

Dieses Misstrauen entwickelte sich bei mir schon früh, denn ich war ein kränkelndes Kind, das allergisch auf Staub, Pollen, Tierhaare, die meisten Nahrungsmittel und den Zigarettenqualm meines Vaters reagierte. Morgens aufzuwachen bedeutete, eine giftige Welt zu betreten, der ich nicht entfliehen konnte.

Heute weiß ich meinen Körper viel mehr zu schätzen – vor allem für seine bemerkenswerte Fähigkeit, mir die Gedanken und Bilder, die meine Welt ausmachen, immer besser verständlich zu machen. Denn nachdem ich jahrelang der spirituellen Führung zugehört habe, weiß ich jetzt, dass mein Körper ein brillantes Empfangsgerät ist, das unfehlbar die Wahrheit des Jetzt widerspiegelt.

Als sicherstes Barometer für diese Wahrheit habe ich in den letzten Jahren meine Tränen entdeckt. Waren Sie schon einmal auf einem Vortrag oder in einem Gottesdienst oder haben ein bestimmtes Musikstück gehört und waren so bewegt davon, dass Sie weinen mussten? Was hat Ihre unfreiwilligen Tränen ausgelöst?

Es ist, als wäre der Körper ein Instrument, auf dem die Seele ihre innigste Liebesmusik spielt. Wir halten unsere Intuition für eine geistige Aktivität, ein inneres Wissen. Aber für mich persönlich kommen die profundesten Einsichten als Bauchgefühl daher. Für diese Empfindung finde ich immer erst später Worte – oft ein erbärmlicher Versuch, weil er einfach nicht das brillante *Aha* in meinem Bauch nachahmt.

Aus der Perspektive der Neurowissenschaften spricht dann die rechte Gehirnhälfte. Die linke Gehirnhälfte ist der lineare, gesprächige Teil, während die rechte es nicht so mit Worten hat. Sie kommuniziert ganzheitlich durch körperliche Empfindungen, manchmal Bilder, Geräusche, Gerüche und Geschmacksrichtungen.

Die Winke zu ignorieren, die das Bewusstsein uns über den Körper sendet, heißt also, unsere Intuition, unsere Fantasie und den kreativen Funken zu verleugnen, die immer wieder auf einzigartige und überraschend praktische Weise unsere Erfahrungen begleiten.

Das macht unser Leben im Körper nicht nur sehr wichtig, sondern sogar wesentlich für das Zusammenspiel zwischen der spirituellen und der materiellen Welt. Statt als lästiges Ärgernis, das unseren hochfliegenden spirituellen Bestrebungen im Wege steht, könnten wir unseren Körper auch als unerlässlichen Kontaktpunkt zwischen Seele und Geist sehen.

Zurück also zu den spontanen Tränen. Was ist zuerst da – Tränen oder Gefühle? Sie folgen rasch aufeinander, aber sehr oft kommen zuerst die Tränen. Es kann sogar sein, dass wir erst einmal eine Weile mit ihnen dasitzen müssen, um ihnen bis zu einem erkennbaren Gefühl nachzuspüren, das wir erst dann beschreiben können.

Meine Erfahrung mit diesen plötzlichen Tränen ist, dass sie (auch wenn die Erkenntnis hart ist) oft ein Wahrheitsgefühl in mir wachrufen, das mit tiefer Freude einhergeht. Für mich ist das Seelenglück – nicht nur wegen der befreienden Kraft der Wahrheit, sondern auch, weil es bedeutet, dass mein einfaches, dichtes Bewusstsein gerade eine profunde Mitteilung direkt von meiner Seele erhalten hat. Und wer war das Vehikel für dieses erstaunliche Fünkchen Wahrheit? Mein Körper.

Was für ein Hohn also, dass religiöse Doktrinen seit Jahrhunderten die körperliche Form herabwürdigen und uns dazu anhalten, unsere Fähigkeit zu verleugnen, uns auf die leisen Botschaften der Liebe, Erleuchtung und Warnung dieses treuen Dieners einzustimmen.

Hatten Sie je das Bauchgefühl, besser nicht an einen bestimmten Ort zu gehen oder bei einer bestimmten Person zu sein? Vielleicht haben Sie den leisen Rat ignoriert und sind einfach weiter drauflosgeprescht – um dann später festzustellen, dass Sie ihn hätten beachten sollen. Ihre weise Seele und Ihr empfänglicher Körper haben versucht, Sie zu beschützen.

Meine Erfahrung ist: Wenn ich aufmerksam für meinen Körper bin, fühlt sich mein Leben wunderbar seelengeführt an – als würde ich in einer bewussten Partnerschaft mit dem Göttlichen stehen.

Wie der geliebte Jünger Johannes, der seinen Kopf auf Jesu Schoß ruhen lässt, habe ich das Gefühl, dass meine Seele sich an das Herz Gottes lehnt und mir dann mitteilt, was sie gehört hat. Sie spricht in meinen Körper hinein, der ihre Botschaft dann so weiterleitet, dass ich sie empfangen kann – aber nur, wenn ich zulasse, die Mitteilung zu *fühlen*, wo und wie auch immer sie bei mir eingeht.

13. Kapitel

Zur Feier des Körpers

Ich habe eine wunderbare DVD mit kurzen Yoga-Programmen, mit denen ich bei Tagesbeginn 15 Minuten lang Yoga übe. Wenn ich mir diese Zeit nehme, um mich zu dehnen, erhält der Tag eine herrliche, göttliche Qualität, die ich sehr vermisse, wenn ich mich einmal ohne bewusste Vorbereitung auf meine To-do-Liste gestürzt habe.

Mir ist aufgefallen, dass viele Yoga-Lehrer häufig »M-m-m« sagen, um anzuerkennen, wenn jemand etwas Wahres sagt – als würden sie der Wahrheit erlauben, in ihrem Körper, Geist und Herzen widerzuhallen. Sie fühlen die Wahrheit. Sie atmen in sie hinein und lassen sie wirken.

Vielleicht sind sie sich dieses Verhaltens ja gar nicht bewusst, aber ich glaube, es ergibt sich ganz natürlich,

wenn man sich angewöhnt hat, aufmerksam für seinen Körper zu sein.

Es ist viel einfacher, sich nach innen zu wenden, wenn der Körper gedehnt und in seiner Mitte ist. Die Gesundheit des Körpers wird zur Metapher für absolutes Wohlbefinden. Er verinnerlicht und spiegelt unsere Ganzheit oder den Mangel daran. Der Körper veranschaulicht, wie alle Dinge miteinander vernetzt sind. Er spiegelt wider, wie gut wir uns um uns selbst kümmern und was in unserem Bewusstsein gerade vor sich geht.

Natürlich heißt das nicht, dass Menschen, die spirituell und psychologisch ganz sind, niemals krank werden. Auch sie nicht davor gefeit. Unsere Welt ist voller Krankheiten, und selbst die Besten von uns sind körperlich verwundbar. Aber viele Aspekte unserer Ganzheit können wir beeinflussen, wenn wir auf die subtilen Botschaften und Zeichen unseres Körpers achten.

Abraham Lincoln sagte angeblich, dass ab dem 40. Geburtstag jeder für das Aussehen seines Gesichtes selbst verantwortlich ist. Was er damit meinte, war, dass das Gesicht ein Spiegel unseres Bewusstseins ist. Und die Augen sind nicht nur Fenster zur Seele, sondern spiegeln auch wider, wie präsent und aktiv die Seele in diesem Menschen ist.

Funkeln die Augen, oder sind sie glanzlos? Leuchtet das Gesicht vom Feuer der spirituellen Verbundenheit? Oder ist der Ausdruck missmutig, verärgert oder gar wirr?

Unser Körper projiziert auch unsere Persönlichkeit nach außen. In meiner Schauspielerei lernte ich schon früh, dass ich mit einer bestimmten Pose oder einem Ausdruck mehr konnte, als bloß die Persönlichkeit und Absichten einer Figur darzustellen: Ich konnte mich tatsächlich in sie hineinbegeben – buchstäblich zu dieser Person werden.

Aus dieser Figur am Ende der Vorstellung wieder herauszutreten, war sehr wichtig, wenn ich nicht wollte, dass meine Identität nicht viel mehr war als eine Sammlung fiktiver Persönlichkeiten. Ich musste die psychologischen Kostüme ab- und die authentischen Kleidungsstücke meines Bewusstseins wieder anlegen, wenn ich wieder zu mir selbst finden wollte.

Hier wird das Zusammenspiel zwischen Körper, Geist und Seele sichtbar. So wie ich lernte zu handeln, als sei ich die dargestellte Figur, lernte ich auch, eine perfekt ausgerichtete Körperhaltung einzunehmen, die sich in meinem Bewusstsein noch nicht unbedingt spiegelt.

Das ist ein Grund, warum Körperübungen wie Yoga so wirkungsvoll sind. Yogapositionen kann man nur korrekt

halten, wenn man ausbalanciert und an der inneren Achse des Körpers ausgerichtet ist. Irgendwann kann diese Übung zur Gewohnheit werden, und das ist etwas Gutes.

Ich finde, es stimmt, dass »der Körper nicht lügt«. Wenn wir üben, unseren Körper in gesunden Haltungen zu bewegen und zu halten, können wir irrige Gedanken- und Gefühlsmuster freilassen, die zu einer Fehlausrichtung beigetragen haben.

Wenn das Bewusstsein elastischer wird, tut der Körper es ihm nach. Es bleibt eine Tatsache, dass mein Körper nur so flexibel ist wie mein aktueller Bewusstseinszustand. So etwas wie einen ausbalancierten, mürrischen Schulterstand gibt es nicht.

Ich versuche also, die Wahrheit mit meinem ganzen Wesen zu fühlen – die Ganzheit mit offenen Armen zu empfangen. Wenn ich mich zum Licht emporstrecke und ihm erlaube, mich mit seinem Segen und Strahlen zu überschütten, staune ich immer wieder, wenn sich gesündere Muster abzeichnen. Es ist, als würde die Dehnung das spirituelle Feuer in meinem Wesen anfachen.

»M-m-m.«

14. Kapitel

Der Körper im Trauma

Einer der Gründe, warum ich so dafür bin, auf den Körper zu hören und ihn zu unterstützen, ist das Problem des Traumas im Trauerprozess.

Selbst wenn man mit dem Tod rechnet, wie bei Stephen, kann es sehr traumatisch sein, wenn man die Diagnose erhält, dass die Krankheit tödlich ist. Und der Moment, in dem der geliebte Mensch dann tatsächlich geht, ist in seiner Endgültigkeit genauso schockierend.

Es ist einfach unmöglich, den absoluten Stillstand zu begreifen, von dem ein Leichnam ergriffen ist. Solange Stephen noch atmete, war er immer noch hier. Aber als sein Geist davonflog, war er so absolut fort, dass ich kaum noch Luft bekam.

Und in den Tagen und Wochen direkt nach seinem Fortgang war das Schwierigste, womit ich zu kämpfen hatte, das Gefühl, mir sei das Herz herausgerissen worden. Stephen reiste nicht einfach allein ab, einen Teil von mir nahm er mit.

Das Gefühl war körperlich und ein quälender Schmerz. Es war auch traumatisch. Das heißt, dass der emotionale Schock in den tiefsten Winkeln meines Wesens einschlug – an diesen ursprünglichen Orten, wo die natürliche Reaktion darin besteht, entweder von allem wegzurennen, was sich wie ein Angriff anfühlt, oder zu kämpfen – oder aber angesichts der überwältigenden Unermesslichkeit der Erfahrung wie betäubt zu erstarren.

Diese Traumareaktion erfolgt so unmittelbar, dass wir sie noch nicht einmal bemerken. Es gibt so viel zu tun, wenn jemand stirbt. Ich weiß, dass ich tagelang unter Adrenalin stand und einfach weitermachte, bevor ich in stummem Schmerz zusammenbrach.

Und ich tat, was viele Menschen tun – ich verarbeitete meine Trauer durch körperliche Bewegung. Unbewusst versuchte ich, die erstarrte Trauma-Energie zu lösen, die im Körper feststeckt, bis wir zulassen, dass die somatischen Seiten der Trauer und vielleicht auch körperorientierte Therapien uns helfen, die Energie zu entladen.

Fast zwei Jahre zuvor hatte ich zufällig Peter A. Levines Buch *Trauma-Heilung: Das Erwachen des Tigers* (Synthesis Verlag, 1999) gelesen. Darin beschreibt er, wie wilde Tiere von Natur aus darauf programmiert sind, die festgefahrene Kampf-oder-Flucht-Energie abzuschütteln.

Und er zeigt uns, wie auch wir Menschen (mit unserem kompliziert denkenden Gehirn) es schaffen können, den Prozess zu unterlaufen. Wir können überzeugt sein, dass mit uns so weit alles in Ordnung ist, dabei aber tatsächlich subtile Symptome einer posttraumatischen Belastungsstörung (PTBS) zeigen.

Vieles von der Niedergeschlagenheit, den Albträumen, den Panikattacken, dem unkontrollierten Weinen, den Zwangsvorstellungen, Schlafstörungen und Essstörungen, mit denen die PTBS einhergeht, ist auch oft bei Trauernden festzustellen. Worum also handelt es sich dann? PTBS oder Trauer?

In meinem Fall war es beides. Und ich vermute, dass das bei vielen Menschen so ist. Da Verluste nicht in Einzelteile zerlegt werden können, häufen sie sich an. Verluste verstärken Verluste, vor allem wenn wir sie nicht verarbeiten.

Wenn uns durch Krankheit, Missbrauch oder Tod die Unschuld der Kindheit genommen wird, fällt es uns schwer, solche Ereignisse zu verarbeiten. Und wenn wir dann erwachsen sind und vielleicht den Tod eines Ehepartners oder eines anderen geliebten Menschen miterleben, kollabiert die Zeit, und wir sind wieder zurück mitten im ursprünglichen Trauma.

Bei mir war das ursprüngliche Trauma das Gefühl, getötet zu werden, als ich mit drei Jahren vor einer Mandelentfernung Narkoseäther verabreicht bekam. Ich hatte jahrelang gewusst, dass das eine Schlüsselerfahrung meiner Kindheit war, aber nicht, dass sie als häufige Ursache für PTBS bei Kindern aus den 1950er-Jahren gilt, bis ich in Levines Buch davon las.

Einfach zu lesen, dass er diese Erfahrung als klinisch erwiesene Trauma-Ursache erachtete, bewirkte bei mir fast sofort eine Zeitreise zurück in diese Erfahrung. Ich las den Abschnitt auf meinem Hometrainer, was wahrscheinlich half, wie eine Initialzündung meine Reaktion auszulösen. Plötzlich schrie ich vor meinem geistigen Auge den Arzt an, wehrte mich, riss mich los, befreite mich und fühlte die Freisetzung von Energie, die 56 Jahre lang in mir festgesteckt hatte.

Die hochkommenden Gefühle führten zu einem dramatischen Weinkrampf. Zum Glück war ich ungestört und überließ mich ihm einfach, während ich die ganze Zeit weiter wie wild in die Pedale trat.

Psychodramatherapeuten wissen, dass niemand lange in einem solchen Extremzustand bleiben kann. Der Körper kann ihn einfach nicht aushalten. Nach etwa zehn Minuten hörte das Weinen auch auf, und ich legte mich hin. Ich war erschöpft, aber diesmal nicht erstarrt oder betäubt. Ich spürte eine Lebendigkeit in mir, eine Kräftigung, die mich seitdem nie mehr verlassen hat.

Dieses Gefühl der somatischen Freiheit machte meine Trauerreise dann auch leichter. Es ist, als wäre ich dadurch, dass ich zuließ, in mein Innerstes zu gehen, mit einer Quelle des Lebens und der Liebe in Berührung gekommen, die viel von meinem Verlustgefühl auflöste.

Mir fällt es auch leichter zu erkennen, welchen Verlust ich wohl gerade betrauere, statt das Gefühl zu haben, dass jeder Verlust den Schmerz des ursprünglichen Verlustes auslöst. Ich bin verwundet worden, aber keine wandelnde Wunde mehr. Ich bin eine Person, die dramatische Erlebnisse hatte, die mein Wesen beeinflussen, aber nicht definieren.

Frei vom Trauma zu sein, ist also ein Schlüssel, um unsere Trauer zu heilen und die Reise fortzusetzen, auf der wir in Kontakt mit den spirituellsten Teilen unseres Selbst treten. Und meiner Erfahrung nach wird unsere Reise dann zunehmend zu einem gemeinsamen Spaziergang mit unseren geistigen Freunden und Geliebten, die einfach nur einen Atemzug entfernt sind – wenn wir uns selbst gestatten, so frei zu sein.

15. Kapitel

Mit einem plötzlichen Verlust umgehen

Ich möchte mich nun schon seit einiger Zeit näher mit dem plötzlichen Verlust beschäftigen, weil er eine ganz andere Erfahrung sein kann als der Umgang mit einer langen Krankheit wie zum Beispiel Krebs.

Neben mehreren lieben Freunden, die einen plötzlichen Verlust erlebten, bin ich bei Buchsignierungen und Seminaren Menschen begegnet, die geliebte Menschen durch einen Unfall, Herzinfarkt, Selbstmord und sogar Mord verloren. In mancher Hinsicht scheint eine solche Erfahrung schwieriger zu sein als ein Verlust, der sich zeitlich dahinzieht, und ich möchte auf diese Schwierigkeiten einmal näher eingehen.

Nach Stephens Diagnose noch zweieinhalb Jahre zu haben, um uns mit seinem unvermeidlichen Tod abzufinden, war für uns beide ein Segen. Zunächst einmal

konnten wir Abschied nehmen und uns einander für unsere Liebe danken. Wir hatten Zeit, um unsere Finanzen zu regeln. Besonders in seinem letzten Jahr hatten wir viele Gelegenheiten, um gemeinsam darüber Zwiesprache zu halten, wohin er unserem Gefühl nach ging. Unser Glaube wurde stärker, genauso wie unsere Liebe und Entschlusskraft, die Herausforderungen zu meistern.

Meine Freunde, deren geliebte Menschen plötzlich starben, hatten nichts davon. Bei vielen Menschen kann der traumatische Schock eines plötzlichen Verlustes bewirken, dass sie jahrelang in diesem Zustand des schieren Unglaubens steckenbleiben. Kürzlich traf ich bei einer Buchsignierung eine Frau, die ihren Mann vor zehn Jahren durch Selbstmord verloren hat. Sie war so aufgewühlt, dass ich, als sie mit ihrer Geschichte begann, dachte, er müsste wohl erst vor kurzem verstorben sein. Sie hatte mit einer Gesprächstherapie versucht, ihre Wut, Verzweiflung und Verletzung zu überwinden, aber vergebens.

Eine liebe Freundin, deren Mann an einem plötzlichen Herzinfarkt starb, brauchte mehrere Jahre, um ihrem Kopf begreiflich zu machen, dass er nicht wiederkommen würde; erst dann konnte sie endlich sein Büro ausräumen. Eine andere Freundin weiß nicht genau, was sie mit den vielen Sammlungen ihres Mannes tun soll, weil er keine

Anweisungen hinterlassen hat, was ihm wichtig war und was nicht.

Meinem Empfinden nach gibt es also bei einem plötzlichen Verlust zwei Bereiche, in denen wir besonders feinfühlig sein müssen. Erstens ist da die scheinbare Sinnlosigkeit des Ereignisses. Obwohl wir emotionale Wesen sind, sind wir Menschen von Haus aus auch rational. Wir wollen wissen, *warum* etwas passiert ist, was die Ursache war und was es bedeutet – besonders in Bezug auf uns selbst.

Zweitens müssen wir uns mit dem tiefen Trauma befassen, von dem ein plötzlicher Verlust begleitet wird. Wenn uns Informationen erreichen, die zu schrecklich sind, um sie erfassen zu können, fühlt es sich an, als würden wir körperlich geschlagen.

Unser Körper spannt sich an. Wir weichen vor dem Schlag zurück. Unsere Atmung wird flach. Wir werden extrem wachsam, warten darauf, dass der sprichwörtliche »zweite Schuh« fällt. Und wenn wir die Kampf-oder-Flucht-Reaktion nicht auflösen können, zu der diese körperlichen Reflexe gehören, können wir zu wandelnden Zeitkapseln werden, für immer in diesem einzelnen, traumatischen Moment gefangen, als unsere Welt zerbrach.

Hier kehre ich zu dem zentralen Punkt zurück, dass ein plötzlicher Verlust traumatisch ist und deshalb sogar noch feinfühliger behandelt werden muss als ein erwarteter Verlust. Natürlich ist der Verlust eines geliebten Menschen immer ein Schock, auch wenn man weiß, dass er bevorsteht. Aber der Schock eines plötzlichen Verlustes verankert sich im Körper noch tiefer als unterdrückte physische Reaktion, die durch Körperarbeit geheilt werden muss.

Eine Gesprächstherapie kann helfen, in dem Verlust schließlich einen Sinn zu finden, aber die Arbeit mit einem erfahrenen Traumatherapeuten, der in somatischen Techniken wie EMDR oder EFT ausgebildet ist, ist wahrscheinlich der beste erste Schritt zur Beseitigung des Traumas.

Auch was meine Situation betrifft, weiß ich: Zuzulassen, dass mein Körper die feststeckende Kampf-oder-Flucht-Energie freisetzte, machte den entscheidenden Unterschied, so dass ich das Leben schließlich wieder lieben konnte.

16. Kapitel

Warum der Glaube allein nicht reicht

Gestern hat mir eine Kollegin von einer Kundin erzählt, deren Mann vor kurzem Alzheimer im Frühstadium diagnostiziert bekam. Sie macht sich Sorgen, ob sie die Pflege bezahlen kann, die wahrscheinlich ihre finanziellen Mittel erschöpfen wird, und fragt sich, ob sie überhaupt in der Lage ist, ihn so zu pflegen, wie sie es sich wünscht.

»Ich fühle mich so schuldig«, sagte sie meiner Kollegin. »Ich habe immer versucht, alles richtig zu machen, und jetzt passiert so etwas. Ich fühle mich, als hätte ich etwas falsch gemacht. Warum sonst sollte uns so etwas passieren?«

Was mich an dieser Geschichte betrübt, ist, dass die Frau Seelsorgerin ist. Im Laufe der Jahre hat sie zahllosen Menschen durch die Beschwernisse des Lebens geholfen, und jetzt, in ihrem eigenen Augenblick der Krise, gerät sie auch noch in eine Glaubenskrise.

Je mehr ich über das Thema lese und mit Trauerbegleitern spreche, höre ich von religiösen Menschen, die in einem ähnlichen Zustand sind. In ihrem Schmerz rufen sie: *Wie kann ein Gott der Liebe so etwas zulassen? Es ist so unfair. Warum ich?*

In dem verzweifelten Versuch, Sinn im Unfassbaren zu finden, bleiben sie in einem Kreislauf aus Hilflosigkeit, Hoffnungslosigkeit, Ungerechtigkeitsempfinden, Schuldgefühlen und Opferrolle stecken. *Das hätte nicht passieren dürfen,* sagen sie sich, *ich kann angesichts dieser sinnlosen Tragödie nicht weitermachen.*

Warum trifft diese Glaubensmisere so viele Menschen – sogar Geistliche, die anderen in Zeiten des Zweifels geholfen haben? Und wie lässt sich da Abhilfe schaffen?

Ich denke, ein Problem liegt darin, dass Tragödien uns in einen ursprünglichen Zustand hineinstürzen, in dem das Bedürfnis zu überleben und sicher zu sein, die treibende Kraft ist. Wenn wir einen sehr geliebten Menschen verlieren, stirbt mit ihm auch ein Teil von uns. Menschen hängen sich an Dinge und andere Menschen, und wenn das Band zerreißt, verschwindet der Teil von

uns, der in dem anderen lebte. Dann können wir das Gefühl haben zu sterben – oder sterben zu wollen. Ohne diese Person oder Sache fühlen wir uns verlassen, beraubt und verletzlich, in einer herzlosen Welt.

An diesem zutiefst einsamen Ort hilft uns unser Glaube nicht unbedingt. Bei einem solchen Verlust handeln wir aus einem körperlich-emotionalen Zustand heraus, während der Glaube mehr eine Hirnfunktion ist, die im Reich der Vorstellung zu Hause ist – selbst wenn wir leidenschaftlich an diese Vorstellungen glauben.

Wir können Anhänger einer Lehre über die Unsterblichkeit der Seele sein, ein Universum der Liebe oder einfach Gott. Aber bis wir den empirischen Beweis für diese Grundsätze haben, bleibt unser Glaube theoretisch und abstrakt. Und wenn ich mir die vielen Menschen ansehe, deren Glaube sie im Stich ließ, dann reicht der reine Glaube nicht aus, wenn eine zutiefst negative Veränderung eintritt.

Wie also sollen wir Sinn und Trost angesichts dessen finden, was das Schlimmste sein könnte, das uns jemals passiert? Ich möchte vorschlagen, sie auf eine Weise zu finden, die die Lücke zwischen Vorstellungen und Wirklichkeit überbrückt – durch regelmäßiges Üben.

Was meine ich mit Üben? Für viele von uns ist das eine Aktivität, die uns das greifbare Gefühl gibt, dass wir körperlich stärker werden, geistig und emotional zur Ruhe kommen und uns mit unserem wahren Selbst verbinden – auch mit etwas, was höher oder tiefer ist als dieses Selbst.

Das Üben hat einen »Jetzt«-Aspekt, der Spannungen im Körper löst und rasende Gedanken zur Ruhe bringt. Yoga und Meditation werden schon lange dazu genutzt. Aber auch Walken, Joggen, Schwimmen, Kampfkunst wie Tai-Chi oder Musik, Malerei, Tanz und Schreiben können diese Wirkung haben, genauso wie das Üben von Achtsamkeit und die tibetanische Mitgefühls-Meditation Tonglen.

Wünschenswert ist eine beliebige, regelmäßige Aktivität, die uns ganz im jetzigen Augenblick aufgehen lässt. Weil an diesem Ort des einfachen Seins Doktrinen und Dogmen belanglos sind. Wichtig ist allein die Verbindung, die sagt: *Hier weiß ich, wer ich bin, und in diesem Sein bin ich geerdet.*

Dieses Wissen ist der Fels unserer Stabilität. Und in Zeiten der Krise wird es zum Rettungsboot, das uns ans sichere, ebene Ufer trägt. Es ist auch der Ort, an dem uns schließlich die Sinnhaftigkeit findet.

Stille zu üben, verankert uns in einem Bewusstseins-zustand, in dem wir im Jetzt geerdet bleiben, statt in Hypothesen abzudriften wie *Was wäre, wenn?* oder *Wenn nur ...* In Momenten der Krise lehrt uns das die Loslösung von starken Gefühlen.

Das heißt nicht, dass wir dann zu gefühllosen Zombies werden, die unberührt vom Leid anderer kopflos durchs Leben stolpern. Im Gegenteil. Vielmehr können wir so den Augenblick (ob er glücklich oder traurig ist) unmittelbarer erleben und schneller wieder zur Ausgangsbasis zurückkehren.

Wenn wir immer wieder in Verbindung mit unserem Selbst treten, stellen wir nicht infrage, wer oder was wir sind, wenn im Leben etwas schiefläuft. Wir wissen, dass unsere Identität nicht von Geboten oder Traditionen abhängt, weil wir unser Selbst in der Einfachheit seiner »Istheit« erfahren haben. Und wir wissen, dass unsere Identität dramatische Veränderungen überleben wird, weil sie schon früher Zeiten des Umbruchs überlebt hat.

Das Üben wird zu einem wertvollen Instrument der profunden Selbsterforschung. Sich dieser Energie im Körper bewusst zu sein, kann sehr hilfreich sein – besonders wenn Veränderungen uns in neue Umstände oder heftige Gefühle wie Wut stürzen.

Ich habe gesehen, wie qualifizierte Trauerbegleiter verzweifelte Menschen wieder ins Gleichgewicht brachten und zu wichtigen Erkenntnissen führten, indem sie der körperlichen Empfindung eines starken Gefühls bis zu seinem Ursprung folgten. Sogar Selbstmordgedanken nach dem Verlust eines geliebten Kindes können Sinn stiften, wenn man ihnen gestattet, im liebevollen Beisein eines Trauerbegleiters, der der Dynamik des Trauerprozesses vertraut, für sich selbst zu sprechen.

So wird das wie auch immer geartete tägliche Üben, unsere Mitte zu finden, zu einer psychologischen Versicherung gegen den Tag, an dem das Leben uns eine unangenehme Überraschung beschert. Denn es schenkt uns ein körperliches Sicherheitsgefühl und die Erfahrung, dass das Selbst überlebensfähig ist. Wenn wir dann unsere äußeren Verankerungen verlieren, bleiben unsere inneren intakt.

Unser Glaube kann durch harte Umstände auf die Probe gestellt werden, aber er wird weniger wahrscheinlich zerbrechen, wenn wir darin geübt sind, in unserem Selbst präsent zu sein, das unabhängig von Glaubenssystemen existiert. Unser Glaube kann durch eine Notlage herausgefordert werden, aber durch die Erfahrung spiritueller Präsenz kann er sich auch zu neuer Seelenkraft vertiefen, die uns trägt und stärkt – und uns sogar erlaubt, auf unserem Weg auch anderen zu helfen.

17. Kapitel

Die Heilkraft des Geschichtenerzählens

Wenn ich die Wendung höre: »Es war einmal …«, spitze ich die Ohren, öffnet sich mein Herz. Ich fühle dann, wie mein Körper sich in Erwartung magischer Dinge entspannt. Das kommt ganz automatisch und passiert jedes Mal. Wenn dann keine Geschichte folgt, denke ich mir eben selbst eine aus.

Ich scheine einen Draht zu Geschichten zu haben, und meine Erfahrungen und Recherchen sagen mir, dass es auch anderen so geht. Menschen sind die geborenen Geschichtenerzähler. Es ist unsere ureigenste Form der verbalen Kommunikation.

Seit Anbeginn der Menschheit erzählen wir anderen eine Geschichte, wenn etwas passiert ist, das wir ihnen mitteilen wollen. Schon seit Jahrhunderten erzählen wir

Geschichten an Lagerfeuern oder auf Pilgerfahrten. Mit dem Aufkommen des mechanischen Transports begannen wir, unsere Erfahrungen auch auf Schiffen, in Zügen, in Flugzeugen und auf Planwagen zu erzählen.

Wenn wir Glück hatten, hatten wir am Ende unseres Lebens einen freundlichen Zuhörer, der unserer Geschichte über unsere Tage auf Erden lauschte, so wie nur wir sie erzählen konnten.

Von Kindesbeinen an werden wir im Geschichtenerzählen geschult. Eine Geschichte muss einen Anfang, eine Mitte und ein Ende haben. Eine gute zieht uns sofort mit einer Version von »vor langer Zeit in einem fernen Land« in ihren Bann. Die Mitte ist voller Action, Dramen, Konflikte und Spannung. Es gibt ein moralisches Dilemma, ein Problem, das gelöst, einen Schurken, dem Einhalt geboten, eine Rettung, die vollbracht werden muss. Oft muss der Held eine Entscheidung fällen, deren Folgen bestimmen, wie die Geschichte ausgeht.

Und am Ende erwarten wir die Auflösung. Die Guten gewinnen. Das Böse wird besiegt, die Liebe obsiegt. Die Dorfbewohner liegen wieder behaglich in ihren Betten, und die Welt ist wieder in Ordnung. Wir atmen erleichtert auf, wenn das Moll des Konfliktes ins Dur übergeht und triumphierend die letzte Fanfare ertönt.

Aber so aufgeräumt geht es im Leben nicht zu – seine Rätsel lassen sich nicht so einfach lösen. Netten Menschen passieren schlimme Dinge, und die Guten gewinnen nicht immer. Das kann uns in Verwirrung stürzen, sogar in eine Glaubenskrise, mit der Folge, dass wir ständig traurig sind und nicht wissen, wie wir dieser Traurigkeit entkommen sollen.

In diesem Zustand kann sich unsere Verbundenheit mit dem Geschichtenerzählen entweder als destruktiv oder befreiend herausstellen. Alles hängt vom Beigeschmack der erzählten Geschichte ab. Eine negative Geschichte zum Beispiel ist sehr zerstörerisch:

Ich hätte wissen müssen, dass etwas nicht stimmt.

Warum hat er nicht um Hilfe gebeten?

Sie hat mich nie wirklich geliebt.

Sie waren noch so jung.

Wie kann ein gerechter Gott so etwas zulassen?

Du warst immer verantwortungslos.

Diese Tragödie hat mein Leben ruiniert.

Jedes Mal, wenn eine negative Geschichte erneut erzählt wird, fügt sie eine weitere Spirale aus Bitterkeit,

Enttäuschung, Wut, Groll, Schmerz, Schuldgefühlen und Verzweiflung, sogar Hass hinzu, bis der Erzähler in ein Grabtuch aus Dunkelheit gehüllt ist, ein Gefängnis für Kopf und Herz.

An diesem schwarzen Ort scheint das Licht der Heilung nicht – es sei denn, wir können den Charakter der Geschichte ändern. Denn eine positive Geschichte ist wie spiritueller Balsam, sie heilt die tiefsten Wunden von Kopf und Herz und führt uns auf einen Weg zu neuem Sinn und einem strahlenden Morgen.

Ich entdeckte dieses Phänomen fast sofort nach dem Tod meines Mannes. Wenn ich zu viel Zeit allein mit meinen Gedanken verbrachte, in dem Haus, das immer noch von Stephens Fortgang widerhallte, war meine Geschichte zutiefst traurig. Aber sobald ich mit anderen Menschen sprach, ihnen von seinem stillen Fortgehen erzählte, seiner einzigartigen Lebenseinstellung oder den spirituellen Erkenntnissen, die er mit mir geteilt hatte, waren die Geschichten für mich und meine Zuhörer gleichermaßen erbaulich.

Was mich in den ersten Tagen erstaunte, war mein ständiges Bedürfnis, meine Geschichte jedem zu erzählen, der mir zuhören wollte. Ich wollte nur reden und reden. Ich fühlte mich gezwungen, manche Ereignisse immer wieder neu zu erzählen, als wäre jede Wiederholung der Schlüssel zu einem verborgenen Schatz, den ich nicht beschreiben konnte, von dem ich aber fühlte, dass er da war.

Jetzt glaube ich, dass dieser Schatz Sinnhaftigkeit war – ein Weg, um meiner Erfahrung einen Sinn zu geben, damit ich sie verarbeiten konnte. Denn bis ich mit einiger Gewissheit sagen konnte, dass ich verstand, warum Stephen gestorben und ich noch hier war, war das Leben ohne ihn fast unerträglich.

18. Kapitel

Geschichten der Liebe
und der Seele

Da Stephen Krebs hatte – was uns Zeit gab, über diese Dinge zu sprechen –, fanden wir einen tiefen Sinn in unserer Überzeugung, dass die Seele sich mit dem Göttlichen wiedervereinen will.

Als wir Saint-Exupérys liebevolles Märchen *Der Kleine Prinz* lasen, erkannten wir, wie wir uns gegenseitig gezähmt hatten – Stephen beruhigte mich, und ich bewirkte, dass er sich öffnete. Schon davor hatte ich die Vision gehabt, dass es unsere gemeinsame Aufgabe war, andere zu inspirieren, dem Ende des Lebens liebe- und absichtsvoll entgegenzugehen.

Aber all das waren gemeinsame Anschauungen. Was ich nach seinem Tod brauchte, war eine neue Logik für mein Singleleben, das vielleicht Jahre dauern würde.

Wenn ich allein bleiben sollte, musste ich die Gründe kennen.

Ich fand viele Gründe, als ich unsere Geschichte erzählte. Ich schrieb ein Buch, um Stephens Vermächtnis der Liebe und Hingabe in Worte zu fassen. Ich schrieb es, um mich selbst davon zu überzeugen, dass unser Leben absichtsvoll gelenkt worden war und ich in Gottes Hand weiterleben konnte.

Ich schrieb das Buch, um andere zu trösten, die in einer ähnlichen Lage waren. Und während ich schrieb, erhielt ich ganz neue Einblicke in das Herz dieses bemerkenswerten Mannes.

Es gab Zeiten, in denen ich ins Stocken geriet. Meine Verlegerin bat um mehr Hintergründe zu bestimmten Ereignissen. Sie wollte wissen, was wir dachten und fühlten, nicht nur, was passierte. Zwar konnte ich meinen eigenen mentalen und emotionalen Zustand rekonstruieren, aber Stephens war mir ein Rätsel – bis er ihn mir in einem Traum oder einem Moment intuitiver Inspiration mitteilte.

Es war, als würde er mir den Teil seiner Geschichte von der anderen Seite des Schleiers aus erzählen, damit ich ihn besser verstehen konnte. Ich glaube aus tiefstem Herzen, dass unsere geliebten Menschen das für uns tun

können – sogar wenn wir vergessen, sie darum zu bitten. Und das Vehikel, das sie oft dafür benutzen, ist eine Geschichte.

Meiner Meinung nach ist das Geschichtenerzählen eine Fähigkeit der Seele. Beim Erzählen machen wir uns mehr mit dem mystischen Raum zwischen den Welten vertraut, wo eine universellere Perspektive möglich ist und göttliche Einsicht fließt wie Wasser. An diesem Ort ist es, als würde der Meistererzähler selbst uns in die Geheimnisse des Lebens einweihen, den Vorhang zurückziehen, um die Kräfte zu enthüllen, die hinter den Kulissen wirken.

Plötzlich sehen wir Ursachen hinter Wirkungen, die bislang unsere einzige Erfahrung auf der Bühne des Lebens waren. Jetzt begreifen wir:

Dieser Mensch war nicht böse; er war fehlgeleitet.

Diesen Job zu verlieren, hat mir die Freiheit geschenkt, einen besseren zu finden.

Ich habe aus dieser Ehe alles gelernt, was es für mich zu lernen gab.

Der andere hat mir schon lange vergeben.

Mit anderen Worten sind guten Menschen schlechte Dinge nicht deshalb passiert, weil Gott zynisch oder grausam ist, sondern weil manche Dinge hier in dieser unvollkommenen Welt aus Zeit und Raum einfach passieren.

Vielleicht müssen wir uns unseren eigenen Silberstreif am Horizont erschaffen, aber das bringt uns der allgegenwärtigen Göttlichkeit in uns nur näher. Wenn wir immer tiefer den zugrundeliegenden Ursachen nachgehen, werden wir letztendlich feststellen, dass der Wunsch der Seele nach tiefer spiritueller Verbundenheit sich durch alle unsere menschlichen Erfahrungen zieht.

Selbst in Fällen schlimmster Bösartigkeit (wie Victor Frankl eindrucksvoll vor Augen führte, der ein nationalsozialistisches Vernichtungslager überlebte) kann die Suche der menschlichen Seele nach einem Sinn unter den grauenhaftesten Umständen obsiegen.

Wie wir diesen essenziellen inneren Antrieb in unserem Leben zum Ausdruck bringen, ist wirklich die großartigste Geschichte, die je erzählt wurde. Und ganz in diesen Geschichten der Liebe und der Seele aufzugehen, ist, was ihnen ihre erstaunliche Heilkraft verleiht.

19. Kapitel

Die Trauergemeinschaft anerkennen

Den unten stehenden Artikel schrieb ich einige Wochen, bevor ein lieber Freund starb. Ich hatte monatelang gewusst, dass er todkrank war, aber die meisten unserer gemeinsamen Freunde nicht, denn er hatte mich zur Geheimhaltung verpflichtet. Als ich dann merkte, wie seine Situation mir zusetzte, blieb mir nur, mein Herz in diesem Artikel auszuschütten, mich an das Universum zu wenden, in der Hoffnung, dass meine Botschaft ankam.

Ein Aspekt der Palliativ- und Hospizpflege, den ich am meisten schätze, ist die Aufmerksamkeit, die auch den Angehörigen und Freunden des kranken oder sterbenden Menschen geschenkt wird. Nicht nur der Patient wird geistig, emotional, körperlich und seelisch unterstützt, sondern auch die Familie. Denn wenn ein Mensch leidet, fühlen viele Herzen den Schmerz.

Zunächst denken wir natürlich an Ehepartner, Geschwister, Eltern und Kinder – alle, die familiäre Bindungen mit dem Patienten haben. Aber oft vergessen wir dabei Freunde, die diesem Menschen nach jahrzehntelangen gemeinsamen beruflichen oder freundschaftlichen Erfahrungen emotional näherstehen können als manche Verwandte.

Es ist ein heikles Unterfangen, alle Betroffenen mit einzuschließen, vor allem wenn jemand todkrank ist. Als wir erfuhren, dass Stephens Krebs unheilbar war, wollten wir uns einfach nur in einer Höhle verkriechen und verschwinden. Die schreckliche Nachricht unseren geliebten Menschen mitteilen und neben unseren eigenen Gefühlen auch noch mit ihren zurechtkommen zu müssen, fühlte sich absolut erdrückend an.

Stephen vertraute sich an seinem Arbeitsplatz nicht mehr als einer Handvoll Kollegen an, aber ich wusste, dass wir Unterstützung durch Gebete brauchten. Daher pflegte ich eine E-Mail-Korrespondenz mit etwa einem Dutzend enger Freunde. Ich wusste, dass ihre Gebete für uns einen Unterschied machten.

An einem Sonntagmorgen unterbrachen Stephen und ich unsere inspirierende Lektüre, als wir fühlten, wie unsere Last durch die Herzen unserer Freunde leichter wurde. Und diese Unterstützung macht für mich auch jetzt noch den ganzen Unterschied auf meiner Reise ohne meinen geliebten Mann aus.

Kürzlich haben mehrere dieser Freunde mir dafür gedankt, dass sie an unserer Reise teilhaben durften – etwas, worüber ich mir nie Gedanken gemacht hatte. Tatsächlich begreife ich erst jetzt wirklich, dass Stephens Familie und ich nicht die Einzigen sind, die seinen Tod betrauern.

Stephen war ein sehr zurückgezogener Mensch, der sich nicht vielen Leuten öffnete, aber die, die ihn kannten, schätzten die Verbindung zu ihm. Als er starb, weinten sie um ihn als wahren, edlen Freund. Ich wusste, dass wir unsere Freunde brauchten, aber erst jetzt sehe ich, dass sie es auch brauchten, gebraucht zu werden.

Der körperliche Schmerz einer tödlichen Krankheit kann sehr isolierend sein. Mit dem Sterben des Körpers umzugehen, verlangt unsere ganze Aufmerksamkeit und macht es schwer, sich nach außen zu wenden. Besonders, wenn wir der Patient oder Pfleger sind, ist es ganz natürlich, dass unser Gesichtsfeld immer enger wird. Aber ich glaube, den Menschen im breiteren Freundeskreis ergeht es besser, wenn wir ihre Sorgen anerkennen und ihre liebevolle Unterstützung in Anspruch nehmen.

Ich bin tief berührt, wie verbunden ich mich mit einem breiten Freundeskreis fühle. Viele von uns haben 20 Jahre oder länger zusammen gelebt und gearbeitet. Heute sind wir über den ganzen Globus verstreut, aber finden nun durch die Verluste, die sich um uns herum zu häufen scheinen, wieder mehr zueinander.

Meine älteste Kindheitsfreundin verlor vor ein paar Wochen ihren Mann an Krebs. Meine Schwägerin verlor letzten Monat ganz plötzlich ihren Bruder. Eine Bekannte starb nach langem Kampf an Brustkrebs.

Ich habe mindestens drei enge Freunde, die mit fortgeschrittenen Krankheiten kämpfen. Drei weitere stehen mit chronisch kranken Eltern im Seniorenalter vor schwierigen Herausforderungen. Und ein Kollege hat gerade erfahren, dass sein bester Kumpel metastasierten Darmkrebs hat.

Wir alle sind also von Verlusten und Trauer umgeben. Wir stehen es gemeinsam durch. Aber wenn wir uns selbst in diesem Kampf befinden, ist es schwer, sich nicht allein zu fühlen. Und es ist verlockend, mehr allein zu sein als notwendig.

Ich glaube, dafür gibt es mehrere Gründe. Zunächst einmal sind wir vielleicht den Menschen geografisch nicht

nahe, mit denen wir uns gefühlsmäßig am meisten verbunden fühlen.

Zweitens kann, wenn wir immer hochkompetent gewesen sind, das plötzliche Gefühl von Verletzlichkeit nach
der Diagnose einer tödlichen Krankheit unser Selbstver-
trauen und unseren Selbstwert zunichtemachen. Ich bin
mir ziemlich sicher, dass das Gefühl, dass sein Geist und
sein Körper dahinsiechten, für Stephen eine der größten
Prüfungen war, weil er geistig und körperlich immer so
stark gewesen war.

Ich glaube auch, dass auch Scham und Selbstkritik
eine Rolle spielen, mit denen der Patient umgehen muss
– besonders bei spirituell Suchenden, die vielleicht stark
an die Macht des Geistes über die Materie glauben.

Die Auffassung, dass wir uns unsere Krankheiten oder
Heilungen selbst erschaffen, mag einen Wahrheitsgehalt
haben, aber für einen Erkrankten kann sie auch eine
unnötige Last sein. Menschen, die eine Krebserkrankung
überlebt haben, haben mir gesagt: »Oh, diese Denkweise
habe ich schon lange hinter mir gelassen. Ich musste es,
sonst hätte ich nicht weitermachen können.«

Letztendlich wissen wir nicht, warum einige Menschen
erkranken und gesunden und andere krank werden und

sterben. Wüssten wir es, dann würde es uns sicher besser gelingen zu verhindern, was wie ein frühzeitiger Tod erscheint.

Aber so funktioniert es nicht. Das Leben passiert. Es gibt nicht immer nur ein Happy End. Wir leben in einer immer schädlicheren Umwelt und sind in Weisen verwundbar, wie unsere Vorfahren es sich nie hätten vorstellen können. Wir haben eine bessere Medizintechnik, scheinen aber gleichzeitig auch immer mehr hochansteckende Krankheiten zu bekommen. Und meine Freunde aus der Babyboom-Generation und ich werden älter, was bedeutet, dass wir einander verlieren.

Wenn ich mich auf die Herzen von Menschen einstimme, die vor großen körperlichen Herausforderungen stehen oder einen Verlust betrauern, der vielleicht viel zu früh kam, ist mir wichtig, unsere gemeinsame Verbindung anzuerkennen, dabei aber auch empfindsam dafür zu bleiben, wie jeder für sich mit dieser Herausforderung umgeht.

Früher oder später muss jeder von uns seinen eigenen Weg durch das Schattental des Todes finden. Ich habe viel allein getrauert und bin dankbar für die Einsamkeit, die es mir ermöglicht, die Tiefen des Verlustes auszuloten, ohne Angst davor haben zu müssen, andere Menschen zu verstören oder zu belästigen.

Aber ein nicht unerheblicher Teil meiner Heilung fand auch in der Gesellschaft von Menschen statt, die mich liebten und die mir immer einen Ort der bedingungslosen Akzeptanz und Sicherheit boten, wo ich trauern und neue Entschlusskraft finden konnte.

Mögen wir also füreinander beten. Mögen wir daran denken, andere um Gebete zu bitten, die uns gerne ihre spirituelle Unterstützung senden würden.

Mögen wir gütig an unsere Freunde denken. Dankbar sein für die Herzensbande, die uns über die Kilometer und Jahre hinweg miteinander verbinden. Und mögen wir daran denken, dass, wenn einer von uns leidet oder stirbt, wir alle den Schmerz und den Verlust fühlen.

Diese Tatsache zu akzeptieren, verbindet uns tiefer, als wir es uns vorstellen können. Und für mich ist das ein Grund zur Hoffnung – sogar wenn es schmerzt.

20. Kapitel

Verluste und Zeitreisen

Eines, was ich in den vergangenen Jahren gelernt habe, ist, dass wir nicht nur einmal trauern. Wir durchleben den Verlust und gehen weiter, verarbeiten ihn in Mitgefühl mit uns selbst und anderen. Aber faszinierend finde ich, dass wir bei einem neuen Verlust wieder in der Zeit zurückgehen.

Meine Freundin Gwen machte mich vor ein paar Wochen auf dieses Phänomen aufmerksam, als Sam, der Ehemann unserer gemeinsamen Kindheitsfreundin, an Leberkrebs starb. So formulierte Gwen es: »Als mein Vater starb, war meine Mutter schon ein paar Jahre tot. Aber ihn zu verlieren, fühlte sich an, als hätte ich gerade erst sie verloren – so frisch war es plötzlich wieder. Jetzt, wo Sam fort ist, ist es für mich, als wäre Stephen Eckl noch einmal neu gestorben.«

Letztes Wochenende bekam ich einen Eindruck davon, was Gwen beschrieb. Ich war nach Montana geflogen, um am Gedenkgottesdienst eines anderen lieben Freundes, Kollegen und spirituellen Bruders teilzunehmen. Es war eine ergreifende Zusammenkunft vieler Freunde, die sich über zehn Jahre lang nicht mehr gesehen hatten.

Ich hatte bereits viel mit anderen telefonisch und per E-Mail kommuniziert, um diesen Verlust zu verarbeiten. Ich war zutiefst traurig über den Verlust dieses wunderbaren Menschen, aber gleichzeitig ging es mir einigermaßen gut – bis ich sein Foto auf dem Begleitheft sah und der Gottesdienst begann.

Plötzlich war ich in einer Zeitschleife – in der Kirche in Montana und gleichzeitig in einer Kapelle in Colorado, wo 2008 Stephens Gedenkgottesdienst stattgefunden hatte. Die Trauer war immens. In meiner Kehle stiegen Schluchzer auf, und mein Herz brach wieder neu. Zweieinhalb Jahre zwischen diesen Ereignissen fielen in einem einzigen Augenblick in sich zusammen.

Vom Kopf her wusste ich, dass das hier etwas anderes war. Obwohl sie beide sehr zurückgezogene Skorpion-Männer gewesen waren, war dieser Freund nicht Stephen. Aber der Trauer war das egal. Für die Trauer ist Verlust gleich Verlust.

Jeder Verlust steht in Beziehung zu allen anderen Verlusten. Und ein dramatischer Verlust bedeutet, tief in den Schmerz einzutauchen – egal, was der Grund oder der Zeitplan ist. Ich habe dieses Wesen der Trauer akzeptiert, also ließ ich mich darauf ein.

Ein schwerer persönlicher Verlust ist sehr schmerzhaft. Er ist erstaunlich körperlich. Und wie eine schwere körperliche Wunde kann die Heilung lange dauern. Es ist ganz natürlich, wenn wir die Zähne zusammenbeißen und einfach weitermachen, damit wir nicht vom unmittelbaren Schmerz überwältigt werden. Ich glaube, das ist ein Grund, warum wir andere brauchen, um uns zu helfen, bei unserer Trauer zu bleiben und sie zum Ausdruck zu bringen, statt sie zu leugnen oder uns davon zu distanzieren.

Dies hier habe ich letztes Wochenende miterlebt, als über 200 Menschen zu Ehren eines großartigen Mannes zusammenkamen:

- Offene, authentische, gemeinsame Traurigkeit aller, die unseren Freund geliebt haben

- Mitgefühl füreinander und für seine Familie

- Freude, dass so viele langjährige Freunde zusammengekommen waren

- Feier unseres neu entfachten Gemeinschaftsgeistes

- Aufrichtige Anerkennung dafür, wie wir gegenseitig unser Leben berühren

- Tiefempfundene Dankbarkeit für unsere Arbeit, die uns vor so vielen Jahren zusammengeführt hat

Als wir das Leben unseres Freundes und spirituellen Bruders feierten, weinten wir – nicht nur um unseren Verlust, sondern auch in Anerkennung unserer Verbundenheit. Ich glaube, dass in diesen wertvollen Stunden viele von uns eine Komprimierung früherer Verluste erlebten. Aber da wir alle zusammen waren, war es einfacher, das zeitlose Band der Bruderschaft zu fühlen, das wahrhaft ewig ist, wenn es einmal geknüpft wurde.

Traurigkeit wandelte sich in ergreifende Freude. Es war ein Fest der Liebe mit mehr Umarmungen, als ich je an einem Ort erlebt habe. Wir weinten viel. Aber am Ende des Tages lachten wir noch viel mehr. Und auf dem Heimweg fühlten viele von uns, dass der Gedenkgottesdienst der größte Dienst unseres Freundes an uns alle gewesen war – weil wir durch ihn gemeinsam unsere Trauer transformieren konnten.

Jetzt verstehe ich eine weitere Facette der Weisheit der Trauer. Da ein Verlust die Zeit komprimieren kann, so

dass wir das Gefühl haben, alle Verluste auf einmal zu durchleben, müssen wir darauf achten, ihn dann zu verarbeiten, wenn er kommt – sonst intensiviert er sich zu einem Schmerz, der zu schwer ist, um ihn zu ertragen.

Aber dieses Phänomen bedeutet auch, dass immer eine noch tiefere Heilung möglich ist. Und je vertrauensvoller wir der Weisheit der Trauer folgen, umso gewisser werden wir den Trost erhalten, der auf wahrhaft Trauernde wartet.

21. Kapitel

Mutter Natur erinnert mich ans Leben

Nach wochenlanger Computerarbeit hat mein Körper mich heute angefleht, rauszugehen und die herrliche Märzsonne zu genießen. Da ich wenig Motivation für anderes hatte, zog ich mir ein paar Gartenhandschuhe über, holte Heckenschere und Harke heraus und machte mich daran, totes Laubwerk zu beseitigen, das einen Vorfrühlingshaarschnitt nötig hatte.

Was für eine Freude, dass unter den getrockneten Blättern und dem braunen Gras schon neue Schösslinge sprießen. An einer warmen, geschützten Stelle direkt am Haus schiebt sich sogar schon eine Tulpe durch die Erde nach oben.

Leute wie mein Cousin in Atlanta, bei dem jetzt schon Osterglocken und Judasbäume blühen, mögen die paar grünen Flecken lächerlich finden. Aber hier in Colorado (wo davon abzuraten ist, vor Mitte Mai irgendetwas zu pflanzen) ist es eine freudige Überraschung, Anfang März schon Leben in den Beeten zu entdecken.

Im Schmutz zu wühlen, fühlte sich richtig gut an. Der Begriff »sich erden« ist kein Zufall. Und doch: Wie leicht wir die Natur und die der Erde entspringende Lebenskraft vergessen. Mich auf das Jäten und Zurückschneiden zu konzentrieren, machte meinen Kopf frei und gab ihm anderen Stoff zum Nachdenken – zum Beispiel über die Metapher, wie das Leben regelmäßig die Auswüchse unseres Bewusstseins stutzt, damit sich die grünen Schösslinge der Heilung zeigen können.

Die Natur ist für mich da, um mich zu unterstützen, wenn ich nur achtsam bin und nach draußen gehe. Das wird immer wichtiger, weil Stephen nicht hier ist, um mich mit seiner körperlichen Anwesenheit zu erden – einer der Gründe, warum ich ihn so schrecklich vermisse.

Mein Gefühl war schon immer, dass er spirituell hoch greifen konnte, weil er sehr geerdet war. Er war so in der Realität verankert und praktisch veranlagt, dass ich ihn als Mensch auf allen Vieren bezeichnete. Als ich mich in ihn verliebte, arbeitete er mit Schwermaschinen, was wohl sein absoluter Lieblingsjob war.

Stephen war einfach versessen darauf, Dreck zu bewegen! Ich entdecke immer noch neue Aspekte seiner Persönlichkeit, die ich für mich übernommen habe, denke an die Lektionen, die er mich lehrte, indem er einfach war, wer und was er war, und erkenne, dass es wohl eine sehr gute Idee wäre, es ihm mit seiner Zuneigung zur »Erdigkeit« nachzutun.

Nachdem ich also so viele Stunden damit verbracht habe, über Enden zu schreiben, werde ich jetzt daran erinnert, wie überschwänglich Mutter Natur sich den Anfängen widmet. Sie schafft es immer, aus dem scheinbar totesten Material neues Leben sprießen zu lassen.

In meinem Leben kann ich es ihr ganz sicher gleichtun.

22. Kapitel

Das Geschenk der Trauer

Der verstorbene keltische Weise, Dichter und Philosoph John O'Donohue sagte, dass alles, was in uns Wirklichkeit ist, vom Feuer der Trauer erfasst werden kann. Dass die Trauer aber letztendlich nur verbrennt, was nutzlos und falsch ist, ein Geschenk der Reinheit und Einsicht zurücklässt und ein Herz, das zart, offen und auf das Überweltliche eingestimmt ist.

Wahrscheinlich hatte er recht, aber das Gefühl hatte ich nicht, als ich durch das Feuer meines immensen Schmerzes ging. Die Hitze war verzehrend, als ich mittendrin war. Und was auch immer in Brand gesetzt wurde, beschwerte sich bitterlich.

Natürlich nicht immer. Tagsüber ging es mir meist relativ gut. Ich konnte mir vorstellen, dass Stephen bloß arbeiten war, während ich mit Schreiben beschäftigt war. Ich fand einen Sinn in dieser Arbeit, und solange ich in der Geschichte war, fühlte Stephen sich sehr anwesend an.

Aber wenn er dann abends – wieder! – nicht zum Abendessen nach Hause kam, kam die Dunkelheit. Die Leere umhüllte mich wie ein Mantel, und die blanke Stelle, wo einst mein Herz gewesen war, war ständig mit Tränen gefüllt, die in einer schmerzvollen Sturzflut hinausströmten. Sie kamen von einem so tiefliegenden Ort, dass ich glaubte, er würde mich im Ganzen verschlingen. Oder ich würde so tief sinken, dass die Hoffnung und das Leben mich nie wiederfänden.

Monatelang fiel mir einfach kein guter Grund ein weiterzuleben. Natürlich tat ich es trotzdem. Wir Trauernden mögen uns fühlen, als würden wir vor Trauer sterben, aber nur wenige von uns tun das wirklich. So sehr die Trauer auch fatal erscheinen mag, sie ist es nicht – zumindest nicht für das, was in uns wirklich dauerhaft ist. Und darin liegt das Geheimnis.

In mancher Hinsicht bin ich durch den schlimmsten Teil hindurch – zumindest hoffe ich das. Die Trauer ist ein dynamischer Prozess, und das intensivste Leid scheint hinter mir zu liegen. Entweder das, oder ich achte mehr darauf, mich selbst nicht in Situationen zu bringen, die

einen Weinkrampf auslösen. Ersteres wäre ein Trost. Der zweite Fall birgt ein wichtiges Potenzial – dass ich nicht zu schnell auf Heilung dränge und dabei verpasse, der Trauer in ihrer Gnade zu erlauben, ihre geheime Arbeit in mir zu tun, solange sie will.

Denn ich betrachte es als Gnade zu trauern. Nicht in Selbstmitleid und ständigem Schmerz zu schwelgen, sondern dem Strom der weisen Trauer zu folgen, der irrige Auffassungen über Beherrschbarkeit und Kontrolle hinwegspült und sie durch die Macht der Verletzlichkeit und ein Herz ersetzt, das Mitgefühl für das Leid anderer hat.

Das ist das Geschenk der Trauer, das ich nicht verlieren will.

23. Kapitel

Der Trost, der schon da ist

Das englische Wort für trauern (»mourn«) hat einen leisen, seelenvollen Klang, der das Gefühl nachbildet, tatsächlich in diesem Zustand zu sein. Zu trauern bedeutet, die tiefsten Regionen des menschlichen Gefühls zu betreten, den ursprünglichen Raum unserer größten Verletzlichkeit – und überraschenderweise auch unserer größten Stärke.

Trauer ruft in uns Bilder von Sackleinen und Asche hervor, von öffentlichem Weinen und Klagen und zerrissener Kleidung. Von einer derartigen Kapitulation vor dem Verlust, dass uns die Last der Verzweiflung in die Knie zwingt.

Ich muss zugeben, dass ich vor Jahren einmal in Auslandsnachrichten Trauerszenen sah, die ich für übertriebenes Pathos hielt und eindeutig unmodern fand. Ich wies so ein theatralisches Getue weit von mir und schwor mir, dass meine eigene Trauer niemals in so ein narzisstisches Drama ausufern würde. (Ich hatte ja keine Ahnung, was das Leben noch für mich bereithielt.)

Unsere westliche Kultur befindet, dass der Ausdruck von Trauer kurz, ordentlich, würdevoll und unaufdringlich zu sein hat. Das Problem ist, dass die Eingrenzung unseres Schmerzes auf eine säuberlich eingefasste Trauerzeit diese auch ineffektiv macht. Wir mögen so zwar die Kontrolle behalten, finden aber keinen Trost und heilen nicht.

In seinem bahnbrechenden Werk *Wenn guten Menschen Böses widerfährt* (Gütersloher Verlagshaus, 2010) kommt Rabbi Harold S. Kushner zu dem Schluss, dass Gott keine Kontrolle darüber hat, was in unserem Leben geschieht, aber dass das Göttliche allgegenwärtig ist. Der Schlüssel liegt darin, dieses Allgegenwärtige anzuzapfen, um den Trost zu finden, den die Glaubenstraditionen weltweit versprechen.

Kushner schlägt vor, unsere Fragen zu ändern von *Warum ich?* zu *Was soll ich jetzt tun, da mein Leben von einem Unglück heimgesucht wurde?* Für Stephen und mich änderte sich die Frage von *Warum nicht wir beide?* zu *Wie können wir diese Erfahrung in etwas Sinnvolles verwandeln?*

Während seiner Krankheit fragten wir uns immer wieder: *An wen können wir uns wenden, um Hilfe zu erhalten?* Und die Antwort lautete immer: *An Gott.*

Wenn wir sehen, dass guten Menschen Böses widerfährt, taucht oft bedrohlich die Frage nach dem willkürlichen, absichtlichen Bösen auf. Dass Kushner eine Vorliebe für Ordnung und Vorhersagbarkeit hat, zeigt sich deutlich darin, dass er das Chaos als Böses und die Schöpfung als ordnende Kraft beschreibt.

Aber damit eine neue Schöpfung das Licht der Welt erblicken kann, muss die alte Ordnung gestört werden – manchmal auf dramatische Art und Weise. Und wenn dem so ist, dann sind Chaos und Schöpfung weder böse noch gerecht. Stattdessen kann man sie in einem Tanz von Yin und Yang begriffen sehen, von weiblich und männlich, Dunkel und Licht, Mond und Sonne, negativ und positiv.

Diese Naturkräfte sind weder moralisch noch urteilsfähig. Sie sind einfach. Wichtig ist, wie wir im Verlauf unseres Lebens auf sie reagieren – was uns zum Thema Schmerz und Leid bringt, vor allem wenn wir die Lücke betrauern, die schon ein geringer Verlust hinterlässt.

Kushner sagt, Schmerz sei der Weg der Natur, um uns zu warnen, dass etwas nicht stimmt, zum Beispiel wenn wir uns überanstrengen. Bei einem Verlust sagt sie uns, dass etwas Wichtiges fehlt. Wo einst Ordnung war, ist Chaos. Eine geliebte Konstante wurde weggerissen. Und wenn wir wollen, dass es uns wieder gut geht, muss Altes kreativ durch Neues ersetzt werden.

Wenn Gott die Quelle dieser kreativen Hilfe ist, wie erhalten wir Zugang zu ihm? Wohin gehen wir, wenn das Leben sich hoffnungslos anfühlt und es keine Antworten gibt – nur ein stilles Zimmer oder einen leeren Stuhl am Tisch, wo unser geliebter Mensch immer saß?

Schon früh in meiner Trauer hat mir die Erfahrung gezeigt, dass wahrer, dauerhafter Trost entsteht, wenn ich zulasse, von der relativ oberflächlichen Traurigkeit in einen ursprünglichen Raum unkontrollierbarer Tränen hineinzugleiten, wo mein Herz zerbricht – ganz weit hinunter in die tiefste Trauer, wo ich die Nutzlosigkeit des menschlichen Stolzes und Intellekts erkenne.

An diesem dunklen Ort lege ich mich auf den Altar der weisen Barmherzigkeit Gottes. Und in diesem Akt der Hingabe, in dem ich mich dem Geschehenden überlasse, strömen göttliche Hilfe und Trost in meine Seele wie ein frischer Sommerregen auf verdorrte Erde.

Vom Anhaften an dem Wunsch nach Kontrolle und Vorhersagbarkeit einmal abgesehen frage ich mich, ob ich diese seelische Erleichterung vielleicht schon früher hätte erreichen können. Aber ich erinnere mich, wie Stephen einmal sagte, dass wir oft erst einen dramatischen Verlust brauchen, um an die Grenzen des logischen Denkens zu gelangen, wo Liebe und Trost wohnen. Tiefe Trauer macht also den Zugang zum Strom bedingungsloser Liebe frei, die immer verfügbar ist – auch schon bevor ein Unglück geschieht.

Menschen, die wahrhaft getrauert haben, merkt man das daran an, wie sie den Herausforderungen des Lebens begegnen. Statt sich dem Chaos weggerissener alter Konstanten zu widersetzen, heißen sie die Kreativität willkommen, um neue Konstanten zu erschaffen – was nicht bedeutet, dass sie keinen Schmerz mehr empfinden. Tatsächlich fühlen sie ihn vielleicht sogar noch intensiver als andere, die diesen Weg nicht gegangen sind.

Aber statt in einem Niemandsland der Niedergeschlagenheit oder Reue zu verweilen, machen sie sich bereitwillig auf in die Dunkelheit, mit der Zuversicht, dass es auf dem Weg immer wieder neue Erkenntnisse, Liebe und Trost gibt.

Gott mag nicht Regie über das tägliche Geschehen führen, aber die Erfahrung zeigt mir, dass der göttliche

Geist unseren Hilferuf schon beantwortet hat, bevor wir überhaupt gerufen haben. Wir sind darauf gepolt, dass wir Schmerz fühlen, uns das Herz gebrochen wird und wir zutiefst trauern. Aber bei all dem ist das Göttliche immer schon da.

24. Kapitel

Die Kunst des Loslassens

Heute ist der dritte Todestag meines an Darmkrebs verstorbenen Mannes. Ich kann ganz ehrlich nicht sagen, was das bedeutet. Ich kann nur feststellen, dass ich mich verändere oder dass er sich vielleicht verändert – oder auch beides.

Jedenfalls ist das Leben nicht so wie früher. Auch nicht die Trauer. Sie schmeckt anders – als hätten meine salzigen Tränen etwas von ihrem Geschmack verloren.

Die Trauer fühlt sich auch anders an. Irgendwie ist sie jetzt weiträumiger und seltsamerweise auch voller geworden. Ich weine weniger aus Schmerz um Stephens Abwesenheit und mehr aus Freude um die Anwesenheit meines eigenen Selbst, das viel von dem Herzensraum gefüllt hat, den einst er einnahm.

Seit einem Jahr nehme ich viel Bewegung zwischen uns wahr, während wir uns mit unserem Leben beiderseits des Schleiers vertraut machen. Ich staune, wie viel ich erreicht habe, und spüre, dass Stephen auch sehr beschäftigt ist.

Vor ein paar Monaten hatte ich das Gefühl, er würde sich nur einen Block weiter befinden, nur über die Straße, und mir zuwinken, dass er immer noch da ist – aber auf keinen Fall mehr so nah wie zu der Zeit, als ich unsere Geschichte aufschrieb.

In den letzten Wochen hatte ich den Eindruck, dass er häufig weg war und in noch größerer Entfernung. Ich wusste, dass ich ihn nötigenfalls rufen konnte, was mir aber selbstsüchtig und egoistisch vorkam.

Als ich darüber nachdachte, begriff ich, dass ich weiter heile und auf allen Ebenen meines Wesens stärker werde. Ich werde weniger abhängig von meiner Verbindung mit Stephen und vertraue mehr meiner Fähigkeit, ohne ihn weiterzugehen.

Das bedeutet nicht, dass ich nicht wieder ganz von neuem das rohe Gefühl betrauert hätte, dass wieder ein Zyklus zu Ende gegangen ist. Es ist, als würde ich erneut aus einem kosmischen Nest geschubst. Ohne mein Wissen sind mir neue Flügel gewachsen, die kräftiger, belastbarer und selbstsicherer sind.

Wie seltsam. Ich dachte, ich hätte versucht, eine bessere Autorin zu werden und Google dazu zu bringen, meine harte Arbeit zu bemerken. Aber diese Woche ist mir klar geworden: Stephen und ich haben jetzt unterschiedliche Verpflichtungen.

Ich bin mir sicher, dass wir im Herzen immer vereint sein werden und dass er, wenn ich ihn wirklich brauchen sollte, mir zu Hilfe kommen wird. Aber momentan brauche ich ihn nicht auf diese Weise, und er braucht mich auch nicht mehr wie früher.

Wir haben eine neue Weggabelung erreicht. Ach, es ist so schwer, diese Worte zu schreiben. Aber es ist wahr – ich lasse wieder los. Nicht indem ich bewusst irgendetwas freilasse, sondern einfach indem ich beobachte, dass Stephen mich loslässt und ganz natürlich in andere Seinsbereiche davondriftet.

Eine meiner größten Sorgen, als ich Stephens körperliche Anwesenheit verlor, war, ohne ihn aus dem Gleichgewicht zu geraten. Er war wie die Erdungsleitung in meinem Stromkreis. Ich musste mich nur bei ihm anschließen, und schon war ich wieder zurück im Fluss.

Natürlich erinnere ich mich gut an dieses Verbundenheitsgefühl, aber mir scheint, dass ich inzwischen genug geerdet bin, dass er sich sicher fühlt, mich zurücklassen zu können, um weiter seine neue Arbeit zu tun. Aber vielleicht muss es im großen Ganzen einfach genauso sein.

Ich habe die Fotos von ihm an unauffälligere Orte umgestellt und durch Bilder ersetzt, die die kreative Richtung fördern, in die es mich zieht. Die Schnappschüsse von uns beim Wandern, Kuscheln, Lachen und Spaßen haben weiterhin ihre Bedeutung, aber ich kann mich nicht an etwas klammern, was jetzt so offenkundig der Vergangenheit angehört.

Wieder hat eine neue Ebene meines menschlichen Gehirns begriffen: *Oh, er ist ja wirklich nicht mehr da, oder?* Dieses große, kosmische *Ja, wirklich!* scheint so schwer zuzugeben, auch noch drei Jahre später.

Während ich mich auf die neuen Veränderungen einlasse, erscheint Stephen jetzt als Glimmer in einem entfernten Sonnensystem, als einzigartiger Stern am Firmament meines Bewusstseins. Gestern Abend habe ich mich daran erinnert, dass ich ihm ein paar Tage vor seinem Tod vorsang: »Ich werde die Sterne betrachten und dich sehen.«

Er freute sich sehr, dass ich ihm dieses Versprechen gab. Und ich bin froh, es getan zu haben, weil es sich noch mehr bewahrheitet hat, als ich je dachte.

Coda

Singen, während es
noch dunkel ist

In einem meiner Lieblingsverse von David Whyte schreibt dieser wunderbare Poet des Seelenlebens:

> anything or anyone
> that does not bring you alive
>
> is too small for you.
>
> (»Sweet Darkness«)

> *[jedes und jeder,*
> *der dich nicht lebendig macht,*
>
> *ist zu klein für dich.*
>
> *(»Süße Dunkelheit«)]*

Könnte es sein, dass die Trauer zu klein für mich geworden ist? So fühlt es sich jedenfalls an – was wirklich erstaunlich ist, weil sie sich mindestens drei Jahre lang zu groß angefühlt hat.

Die schiere, willkürliche Macht der Trauer hat mich oft überwältigt, manchmal tage- oder wochenlang, und mir jede Gewissheit und Zielgerichtetheit genommen, bis auf den angestrengten Versuch, nicht auf der Stelle tot umzufallen.

Aber jetzt ist es anders. Ich fürchte den gelegentlichen Tränenschwall nicht, der plötzlich aus den Nirgendwo kommt. Nein – ich begrüße ihn schon fast als Zeichen, dass ich eine profunde Wahrheit über die inneren Abläufe von Herz, Geist und Seele gefunden habe. Wenn mir jetzt die Tränen in die Augen steigen, ist das eine sichere Reaktion auf etwas Schönes, und ein belegter Rachen bedeutet, dass ich empfänglich für die Intensität des Lebens bin.

All das sind gute Omen, die auf ein neues Leben nach dem Verlust hindeuten. Ich bin dankbar dafür, weil ich von Natur aus kein trauriger Mensch bin. Obwohl ich versucht habe, nicht durch den unvermeidlichen Trauerprozess zu hasten, freue ich mich sehr, etwas von meinem alten Selbst wieder ans Licht kommen zu sehen.

Natürlich werde ich dieses »alte Selbst« nie mehr sein. Wie auch? Der Bilderteppich, aus dem mein Wesen gewebt ist, wird für immer die goldenen Liebesfäden meines verstorbenen Mannes tragen, durchwoben von grauen Todesfäden und dunkelroten Fäden des Herzeleids.

Aber die Webung ist nicht dicht. Es gibt Löcher, durch die gelbe Sonnenstrahlen brechen und durch die die warme Brise der Hoffnung weht, um mich in ein neues Leben zu rufen, das gerade erst beginnt, vor kreativen Möglichkeiten zu funkeln.

Aber was ist dieses Leben? Ich fühle, wie es mich in einen Zyklus der Veränderung ruft, aber die Richtung ist noch unklar. Natürlich erinnere ich mich. So ist das eben an einer Schwelle. Immer wenn wir eine neue Grenze betreten, schwindet alles Vertraute dahin. Sogar der Trauerprozess kann zur Kuscheldecke werden, wenn wir uns einmal daran gewöhnt haben, wie er in uns arbeitet. Für mich ist das eine Warnung.

Das Leben hat mir nie gestattet, es mir allzu bequem zu machen. Deshalb überrascht es mich nicht, dass immer genau dann, wenn ich wendiger in der Sprache der Trauer und des Verlustes geworden bin, eine neue Gedanken- und Gefühlswelle an mein Herz klopft und mich zu einem neuen Abenteuer auffordert.

Allerdings ist auch bei so einer Einladung eine gewisse Zurückhaltung angebracht. Ich liebe zwar Neuanfänge, aber ich habe auch gelernt, Enden wertzuschätzen. Und die beste Lektion ist, dass wir aus nichts wieder herauskommen, wenn wir nicht unseren Weg hindurch lieben, bis er sein natürliches Ende gefunden hat.

Bei einer so schmerzlichen Erfahrung wie der Trauer ist es nur allzu verlockend, beim ersten Zeichen der Linderung die Flucht zu ergreifen. Aber so funktioniert es nicht. Es gibt immer eine Übergangszeit, in der wir sowohl mit dem Alten, das endet, als auch mit dem Neuen, das noch nicht gänzlich da ist, zusammenleben müssen.

An anderer Stelle schreibt David Whyte:

> What you can plan is too small
> for you to live.
>
> (»What to Remember When Waking«)

> [Was du planen kannst, ist zu klein
> für dich zu erleben.
>
> (»Woran beim Aufwachen zu denken ist«)]

Verflixt! Ich bin mir sicher, er meint damit, dass die Zukunft, wie auch immer ich sie mir jetzt ausmale, vor dem erblassen wird, was sich seelenruhig ganz von selbst ent-

faltet. Also: Geduld und nochmals Geduld – und das vertraute Gebot, sich selbst zu beobachten und darauf zu achten, was in diesem Zyklus von Tod und Wiedergeburt noch unerledigt ist.

Der Reifeprozess alles Lebendigen braucht genau die Zeit, die die Natur dafür vorsieht, nicht ich. So sehr ich es auch gerne hätte, ich kann das Aufbrechen der Knospe einer neuen Erfahrung nicht erzwingen, vor allem wenn immer noch vieles zu erledigen ist.

In mancher Hinsicht fühle ich mich, als hätte ich bis auf den Grund und Boden meiner Trauer geschrieben. Das mag zwar sein, aber für die Gedanken oder Erfahrungen anderer gilt das natürlich nicht. Außerdem haben auch andere Experten vieles zu sagen, was ich mir jetzt gerne erschließen und in meine Trauerarbeit integrieren möchte.

Gerade finde ich Trost in einem alten Sprichwort, über das ich letzte Woche gestolpert bin: »Glaube ist ein Vogel, welcher den Morgen anbrechen spürt und singt, während es noch dunkel ist.«

Die Zukunft ist noch nicht angebrochen, aber ich singe bereits – während ich gleichzeitig auf die neue Melodie lausche.

Ich weiß, dass sie bald kommen wird.

Danksagung

Allein in meinem Zimmer eine Sammlung von Gedanken und Träumereien zu schreiben und diese dann in ein Buch zu verwandeln, ist ein bisschen wie der Unterschied zwischen einem Auftritt als Solist und in einer Band. Alles hört sich besser an, wenn andere ihr Talent beisteuern und so ein umfassenderes, komplexeres Werk schaffen.

Deshalb möchte ich gerne der fröhlichen Truppe Büchermenschen danken, die mir halfen, aus den wechselhaften Melodien, die ich mir letztes Jahr vorgesummt habe, eine zusammenhängende Komposition zu schaffen. Ohne euch hätte ich dieses Projekt nicht zu Ende führen können.

Susan Harrow gab mir schon früh clevere Ratschläge, die das Buch direkt in die richtigen Bahnen lenkten. Und wie immer ist meine brillante Lektorin Anne J. Barthel Chefkoordinatorin in Sachen Struktur und Inhalt. Mit der Seele einer Diplomatin schafft sie es gleichzeitig, dass ich an das glaube, was ich schreibe, und dass mir klar wird,

wo meine Gedankengänge schluderig oder verwirrend sind. Sie entdeckt jede Abkürzung und enttarnt sogar meine gewieften Versuche, völlig Unpassendes einzustreuen.

Wir freuen uns alle sehr, eine neue Redaktionsmitarbeiterin zu haben. Rose Karlsen bringt frischen Wind in unsere Arbeit, und ich hoffe, dass sie auch beim nächsten Buch mit dabei sein wird.

Und schließlich gebührt meiner lieben Freundin, Beraterin und Produktionsleiterin Theresa McNicholas mein tiefster Dank dafür, alle Einzelteile zu einem Endprodukt zusammengefügt zu haben, das mein ursprüngliches Konzept weit übertrifft. Manchmal glaube ich, dass Theresa mich besser kennt als ich mich selbst, und ihre Freundschaft, Unterstützung und tief empfundene Inspiration waren bei der Entstehung von *Kraft aus der Trauer* für mich von unschätzbarem Wert.

Viele Leser, Kunden, Kollegen und Engel in Menschengestalt haben mich in den vergangenen Monaten inspiriert. Ihr wisst vielleicht nicht, wer ihr seid oder dass ihr dazu beigetragen habt, dass ich die Ereignisse des vergangenen Jahres nun besser verstehe. Nichtsdestotrotz bin ich dankbar für Menschen und Geistwesen, die meine Arbeit mitprägen. Ihr begleitet mich weiter auf einer

Reise, die voller Weisheit ist – während die Trauer ihre wehmütige Melodie von Schmerz über Entschlusskraft bis zur Freude spielt.

Die Autorin

CHERYL ECKL ist Schriftstellerin, Referentin, Workshop-Leiterin und Lebensberaterin. Seit dem Tod ihres Mannes 2008 legt sie ihren Schwerpunkt auf die Bereitstellung von Ressourcen und Workshops, um Menschen zu helfen, die mit dramatischen Veränderungen, dem Ende des Lebens, einem Trauerfall oder einem Verlust konfrontiert sind.

Die ehemalige Sängerin und Schauspielerin ist eine erstklassige Kommunikatorin, die ihre praktische Weisheit mit Intelligenz, Humor und Geschichten aus dem wahren Leben vermittelt.

Sie ist Autorin von *A Beautiful Death: Facing the Future with Peace* und verfügt über ein Diplom in Transpersonaler Psychologie. Sie lebt in Colorado, USA.

Facebook.com/cherylecklbooks

www.ABeautifulDeath.net

Cheryl@ABeautifulGrief.com

Weiterführende Informationen zu
Büchern, Autoren und den Aktivitäten
des Silberschnur Verlages erhalten Sie unter:
www.silberschnur.de

Natürlich können Sie uns auch gerne den
Antwort-Coupon aus dem beiliegenden
Lesezeichenflyer zusenden.

Ihr Interesse wird belohnt!

120 Seiten, 2-fbg., broschiert
ISBN 978-3-89845-443-8
€ [D] 9.95

Linus Mundy & Silas Henderson

Du bist nicht mehr hier

Trost und Hoffnung nach dem Tod der Mutter oder des Vaters

Ganz gleich, wie lange unsere Eltern leben, wenn sie sterben, ist dies eine extrem schmerzhafte Erfahrung. Wir verlieren den Menschen, der uns erzogen und beim Aufwachsen begleitet hat, wir verlieren die Person, die unser Leben lang für uns da war.

Die Autoren dieses berührenden Buchs wissen, dass die Welt ohne unsere Eltern nicht mehr dieselbe ist, denn sie haben selbst den schmerzhaften Verlust ihrer Eltern erlebt. Ihre hoffnungsgebenden Ratschläge helfen uns, das Gefühl des Verlustes zu akzeptieren und unser Herz nach der Trauer wieder heil werden zu lassen.

128 Seiten, 2-fbg., broschiert
ISBN 978-3-89845-442-1
€ [D] 9.95

Linus Mundy & Silas Henderson

Und plötzlich bist du nicht mehr da

Trost und Hoffnung nach dem Tod des Partners

Seinen Partner zu verlieren, den Seelengefährten, den Ehemann oder die Ehefrau, verlangt uns die größte innere Kraft ab, die wir aufbringen können. Wie ertragen wir es, jeden Tag ohne den von uns geliebten Menschen zu leben? Bei unserer Trauerbewältigung kann die Hilfe anderer Menschen, die diesen Schmerz bereits erlebt und das Trauma von Leid und Verlust gelöst haben, wertvoller sein als jeder theoretische Ratschlag.

Dieses hoffnungsgebende Buch möchte Sie in der schwierigen Zeit nach dem Tod Ihres Partners unterstützen und Ihnen helfen, Ihren Verlust ein bisschen besser zu verkraften.

Elisabeth Kübler-Ross

Über den Tod und das Leben danach

»Ich glaube, es ist jetzt Zeit, dass die Leute wissen, dass der Tod gar nicht existiert, wenigstens nicht so, wie wir uns das vorstellen.«

Die Schweizer Ärztin Dr. Elisabeth Kübler-Ross wurde für ihre wissenschaftlichen Arbeiten von mehreren Universitäten mit einem Ehrendoktortitel ausgezeichnet. Die Sterbeforschung hat durch ihre Bücher an besonderer Aktualität gewonnen, wie auch in der Sterbehilfe durch ihre eindringlichen Appelle neue Akzente gesetzt wurden.

»Sterben ist nur ein Umziehen in ein schöneres Haus.«

128 Seiten, gebunden
ISBN 978-3-89845-365-3
€ [D] 12.95

Elissa Al-Chokhachy

Der Tod meines Kindes und das Leben danach
Wunderbare Zeichen der Hoffnung

Trost und Zuversicht für trauernde Eltern.
Der Verlust eines Kindes ist wahrhaft unfassbar – wie sollen wir danach weiterleben? Die erfahrene Hospizschwester Elissa Al-Chokhachy übermittelt 82 wahre und berührende Geschichten von trauernden Angehörigen und Freunden, die zeigen, dass unsere Kinder immer bei uns bleiben.
Wer den unvorstellbaren Verlust eines geliebten Kindes erleiden musste, findet Trost und Zuversicht in jeder dieser wunderbaren Begebenheiten. Von lebhaften Träumen, Klängen und Visionen bis hin zu Berührungen und erahnter Präsenz legen sie Zeugnis ab für die unsterbliche Liebe unserer Kinder. Die, die wir lieben, leben weiter.

368 Seiten, broschiert
ISBN 978-3-89845-441-4
€ [D] 16.95

Elisabeth Kübler-Ross

Sehnsucht nach Hause
Der Klassiker in neuem Design

Die weltberühmte Ärztin Dr. Elisabeth Kübler-Ross teilt uns in diesem Buch das größte Geheimnis mit, das uns nach dem Tod erwartet.

Sie hat Hunderte von Sterbenden begleitet und sich berichten lassen, was diese kurz vor ihrem Tod erblickten. Sie sahen die verstorbenen Verwandten, die gekommen waren, sie abzuholen.

60 Seiten, mit Abb., gebunden
ISBN 978-3-931652-21-0
€ [D] 13.90

Sie selbst durfte einmal einen Blick hinter den »Schleier« werfen, wovon dieses Buch berichtet.

Dieses Buch vermittelt wie wohl kein anderes Hoffnung auf das, was uns nach dem Tod erwartet.

Chris Prentiss

Das 9x9 der Lebensweisheiten
Kostbare Geheimnisse für ein glückliches Leben

Chris Prentiss hat nach den Geheimnissen geforscht, die uns anhaltendes Glück bescheren. Dabei hat er einen Weg entdeckt, der zu den wunderbaren Gaben geführt hat, nach denen wir uns alle sehnen: wahre Freundschaft, Frieden, Glück, liebevolle Beziehungen zu Menschen, insbesondere zu unseren Kindern, sowie ein einträglicher Beruf.

192 Seiten, 2-farbig,
Klappenbr.
ISBN 978-3-89845-335-6
€ [D] 14.90

Die 81 Geheimnisse in diesem Buch werden auch Sie frei machen, beschützen und Ihnen Glück bringen, damit Sie sich auf den Flügeln von sechs Drachen in die Höhen des Erfolges emporschwingen können ...

384 Seiten, broschiert
durchg. farbig
ISBN 978-3-89845-300-4
€ [D] 16,90

Wayne W. Dyer

365 Quellen der Inspiration

Lebe deine Inspiration!
Wayne W. Dyer, der weltweit bekannte Lebensberater, hilft Ihnen, Ihre Inspiration bewusst zu aktivieren, damit sie zu einer kraftvollen Energie in Ihrem Leben werden kann. Die Botschaft dieses Buches ist klar: Inspiration ist für alle da. Sie ist nicht reserviert für Einzelne, sondern Ihr Geburtsrecht, man muss sie erfahren und erfühlen.
Jede Seite dieses wahrhaft inspirierenden Buches bringt Sie einen Schritt näher an ein Leben, in dem Tag für Tag mehr Wunder wahr werden...

240 Seiten, Klappenbr.
ISBN 978-3-89845-336-3
€ [D] 14,90

Carly Newfeld

Der inneren Führung vertrauen
Botschaften aus Findhorn

Carly Newfeld erkundet die vielen Möglichkeiten, um spirituelle Führung zu erhalten, auf unsere Intuition zu hören und beiden achtsam und freudig zu folgen.
Die Autorin schenkt uns einen Einblick, wie dank der inneren Führung von Eileen Caddy, Dorothy Maclean und Peter Caddy die Findhorn-Gemeinschaft entstand. Später nimmt Sie uns mit zu sich nach Hause und auf Abenteuer, in denen wir schillernden Persönlichkeiten und ganz normalen Leuten begegnen, die uns zeigen, welche vielfältigen Formen innere Führung annehmen kann.